Pensionnats du Canada

Volume 3

Pensionnats du Canada :
L'expérience métisse

———

Rapport final de la Commission
de vérité et réconciliation
du Canada

Volume 3

Publié pour la
Commission de vérité et réconciliation du Canada

par

McGill-Queen's University Press
Montreal & Kingston • London • Chicago

2015

Commission de vérité et réconciliation du Canada

Site Web : www.trc.ca

Imprimé au Canada sur papier non acide

ISBN 978-0-7735-4666-0 (vol. 3 : couverture souple).

Un index de ce volume du rapport final est disponible en ligne. Visitez le http://nctr.ca/trc_reports.ph

Catalogage avant publication de Bibliothèque et Archives Canada
Commission de vérité et réconciliation du Canada
[Canada's residential schools. Français]
    Pensionnats du Canada : rapport final de la Commission de vérité et réconciliation du Canada.

Traduction de : Canada's residential schools.
Comprend des références bibliographiques et un index.
Sommaire : Volume 1, partie 1-2. L'histoire—volume 2. L'expérience inuite et nordique—volume 3. L'expérience métisse volume 4. Enfants disparus et lieux de sépulture non marqués — volume 5. Les séquelles — volume 6. La réconciliation.
Publié en formats imprimé(s) et électronique(s).
ISBN 978-0-7735-4663-9 (vol. 1, ptie 1 : couverture souple).
ISBN 978-0-7735-4664-6 (vol. 1, ptie 2 : couverture souple).
ISBN 978-0-7735-4665-3 (vol. 2 : couverture souple).
ISBN 978-0-7735-4666-0 (vol. 3 : couverture souple).
ISBN 978-0-7735-4667-7 (vol. 4 : couverture souple).
ISBN 978-0-7735-4668-4 (vol. 5 : couverture souple).
ISBN 978-0-7735-4669-1 (vol. 6 : couverture souple).
ISBN 978-0-7735-9831-7 (vol. 1, ptie 1 : ePDF).   ISBN 978-0-7735-9832-4 (vol. 1, ptie 1 : ePUB).
ISBN 978-0-7735-9833-1 (vol. 1, ptie 2 : ePDF).   ISBN 978-0-7735-9834-8 (vol. 1, ptie 2 : ePUB).
ISBN 978-0-7735-9835-5 (vol. 2 : ePDF).   ISBN 978-0-7735-9836-2 (vol. 2 : ePUB).
ISBN 978-0-7735-9837-9 (vol. 3 : ePDF).   ISBN 978-0-7735-9838-6 (vol. 3 : ePUB).
ISBN 978-0-7735-9839-3 (vol. 4 : ePDF).   ISBN 978-0-7735-9840-9 (vol. 4 : ePUB).
ISBN 978-0-7735-9841-6 (vol. 5 : ePDF).   ISBN 978-0-7735-9842-3 (vol. 5 : ePUB).
ISBN 978-0-7735-9843-0 (vol. 6 : ePDF).   ISBN 978-0-7735-9844-7 (vol. 6 : ePUB)

1. Internats pour autochtones—Canada. 2. Autochtones—Éducation—Canada. 3. Autochtones—Canada—Relations avec l'État. 4. Autochtones—Canada—Conditions sociales. 5. Autochtones—Canada—Histoire. I. Titre. II. Titre: Canada's residential schools. Français.

E96.5.T7814 2016   971.004'97   C2015-906048-6
                                          C2015-906049-4

Table des matières

Introduction.. 3

1. La vie des étudiants 7

2. Les Métis et les débuts du système des pensionnats : 1883–1910.. 15

3. Quarante ans de politique à l'aveuglette : 1899–1937.................... 23

4. L'Île-à-la-Crosse 33

5. L'éducation dans les pensionnats métis du Nord 37

6. La responsabilité provinciale : 1940–1960 45

7. Les élèves parlent 51

Conclusion et appels à l'action 63

Notes 65

Bibliographie 79

Pensionnats du Canada

Volume 3

Introduction

Le principal objectif du système des pensionnats canadiens était de « christianiser » et de « civiliser » le peuple autochtone, un processus qui se voulait une assimilation de leur culture à la société euro-canadienne. Cet objectif politique visait tout le peuple autochtone et toutes les cultures autochtones. Il ne prenait en compte ni le développement des nouvelles nations autochtones ni les implications de la définition de qui était ou n'était pas un « Indien inscrit » aux termes de la *Loi sur les Indiens*, et du partage des responsabilités à l'égard des « Sauvages » en vertu de l'*Acte de l'Amérique du Nord britannique*. Du point de vue du gouvernement, il n'y a alors aucune place pour la nation métisse qui se proclame comme telle dans le Nord-ouest canadien au XIXe siècle. Il n'y a pas non plus de place pour le très grand nombre de populations autochtones qui, pour diverses raisons, ont décidé de ne pas renoncer à leurs droits issus de traités, ni pour ces femmes, et leurs enfants, qui ont perdu leur statut d'Indien légal en épousant une personne qui ne bénéficie pas d'un tel statut. Ceux-ci là sont classifiés ou identifiés, tour à tour, comme « Indiens non inscrits », « Sang-Mêlé » ou « Métis ». À différentes époques ou en différents lieux, il est possible que ces groupes autochtones se soient eux-mêmes identifiés en ces termes, mais ce n'est généralement pas le cas. Ils sont plutôt enclins à se voir comme des membres de sociétés distinctes de Premières Nations, d'Inuits ou d'Euro-Canadiens. Par souci de clarté, le présent chapitre utilise le terme *métis* pour décrire une descendance mixte qui n'a pu s'inscrire en tant qu'Indiens en vertu de la *Loi sur les Indiens*, ou qui a choisi de ne pas le faire. Il convient de reconnaître que ce ne sont pas toutes les personnes décrites en ce terme qui se sont identifiées comme Métis au cours de leur vie et que l'histoire de chacune d'elle varie considérablement, selon l'époque et le lieu.

Le système des pensionnats du Canada était un partenariat entre le gouvernement fédéral et les Églises. En ce qui concernait les Métis, les objectifs des partenaires divergeaient. Étant donné que les Églises souhaitent convertir le plus d'enfants autochtones (comme, de fait, le plus de personnes) possible, elles n'ont aucune objection à admettre les enfants métis dans les pensionnats qu'elles ont établis au XIXe siècle. Les enfants métis, par exemple, sont parmi les premiers élèves admis à l'école de Fort Providence dans les Territoires du Nord-Ouest[1]. Les enfants métis se retrouvent également dans les nombreuses écoles de missionnaires exploitées par les oblats un peu partout dans l'Ouest[2]. On relate un cas où la présence des enfants métis dans les missions catholiques est une cause de déception. Le missionnaire oblat d'origine française AdrienGabriel Morice arrive au Canada au cours des années 1880 dans l'espoir de travailler avec des « Indiens exotiques », mais constate finalement que les élèves de l'école des missionnaires de la Colombie-Britannique sont des Métis[3].

Les Églises n'ont jamais abandonné l'idée de fournir des pensionnats aux enfants métis. Les anglicans, par exemple, ont ouvert des résidences pour accueillir les enfants métis au Yukon dans les années 1920 et 1950, tandis qu'en Alberta, les pensionnats appartenant à l'Église catholique maintenaient un grand nombre d'élèves métis.

La politique du gouvernement fédéral en matière de scolarisation des enfants métis était conflictuelle. Les Métis étaient considérés comme faisant partie des « classes dangereuses » que les pensionnats avaient pour mission de civiliser et d'assimiler. Cette vision mène à l'adoption de politiques qui permettent l'admission des enfants métis à diverses périodes. Toutefois, du point de vue administratif, le gouvernement fédéral est d'avis que la responsabilité de l'éducation et de l'assimilation de la population métisse relève des gouvernements provinciaux et territoriaux. On s'inquiète vivement alors du fait que si le gouvernement fédéral commence à financer l'éducation de certains enfants sous la responsabilité de l'administration provinciale et territoriale, il se retrouvera dans l'obligation d'assumer la responsabilité des autres[4]. Cette vision est ramenée au premier plan et les agents des Indiens reçoivent l'ordre de retirer les élèves métis des pensionnats.

Malgré leur apparente responsabilité constitutionnelle, les gouvernements provinciaux et territoriaux sont réticents à fournir des services au peuple métis. Ils ne voient pas à ce qu'il y ait des écoles dans les communautés métisses, pas plus qu'ils n'interviennent pour s'assurer que les enfants métis sont admis et bien accueillis dans le système d'éducation public. Plusieurs parents métis qui souhaitent une éducation pour leurs enfants n'ont d'autres choix que d'essayer de les faire admettre dans un pensionnat. Dans certains cas, ces écoles sont subventionnées par le gouvernement fédéral, mais dans d'autres cas, les élèves métis fréquentent des écoles ou des résidences administrées par l'Église qui ne bénéficient pas d'un financement fédéral.

Alors qu'à la fin de la Seconde Guerre mondiale, les gouvernements provinciaux commencent peu à peu à accroître leurs services d'éducation aux élèves métis, ceux-ci sont hébergés dans des résidences et des pensionnats qui sont soit dirigés ou financés par les gouvernements provinciaux. L'expérience des Métis rappelle de façon importante que l'incidence des pensionnats dépassait les limites du programme officiel des pensionnats exploités par le ministère des Affaires indiennes. L'histoire de ces écoles provinciales et l'expérience vécue par les élèves métis dans ces écoles restent encore à écrire[5].

Les dossiers actuels ne permettent pas de dire combien d'enfants métis ont fréquenté un pensionnat. Mais, ils ont fréquenté presque chaque pensionnat mentionné dans le présent rapport, à un certain moment, où ils auraient partagé ces expériences – taux de mortalité élevé, déficience alimentaire, logement insalubre et surpeuplé, discipline sévère, lourdes charges de travail, négligence et violence – décrites dans les autres volumes de cette histoire.

Les Métis ont non seulement été éduqués dans les écoles, mais ils ont, à l'occasion, joué un rôle dans leur exploitation. Angélique et Marguerite Nolin, deux sœurs métisses originaires de Sault Ste. Marie et éduquées par les Soeurs de la Charité de Montréal, ouvrent une école à Rivière-Rouge en 1829. En 1834, les soeurs Nolin se rendent dans la paroisse de Baie-Saint-Paul, sur le territoire actuel du Manitoba, où elles aident à établir une école pour les élèves métis et de Premières Nations[6]. Henry Budd, James Settee, James Hope et Charles Pratt, quatre des meilleurs diplômés du pensionnat anglican de Rivière-Rouge au début du XIXe siècle, deviennent tous des missionnaires et professeurs[7]. Dans les années 1860, Louis Riel est un des jeunes Métis qu'on envoie étudier dans les écoles catholiques du Bas-Canada[8]. Dans les années 1880, il enseigne au pensionnat pour garçons métis au Montana[9]. La soeur de Louis Riel, Sara, est éduquée au pensionnat des Soeurs de la Charité à Rivière-Rouge. Après avoir prononcé ses voeux en 1868, elle devient enseignante au pensionnat de l'Île-à-la-Crosse[10]. Les écoles anglicanes de Rivière-Rouge accueillaient également les enfants d'ascendance mixte.

Le présent document traite principalement de ces éléments de l'histoire des pensionnats qui étaient particuliers aux enfants métis. À ce titre, les discussions sont centrées sur la politique du gouvernement et de l'Église en matière d'admission et sur l'histoire d'un certain nombre d'établissements principalement destinés aux élèves métis. La conclusion, qui place le point de mire sur les élèves, est fondée sur les déclarations faites devant la Commission de vérité et réconciliation du Canada et sur la collecte de documents relatant la vie des Métis dans les pensionnats. Parmi ces écrits, un des plus importants est *Métis Memories of Residential Schools: A Testament to the Strength of the Métis de la Nation métisse de l'Alberta*.

CHAPITRE 1

La vie des étudiants

Pour démontrer la diversité et la complexité de l'expérience des Métis dans les pensionnats, nous commençons par l'histoire de trois anciens élèves. Ces histoires montrent bien qu'il n'y a pas eu un seul parcours pour les enfants métis, ni une seule expérience. Pour Madeline Bird, l'école sert d'établissement de protection de l'enfance lorsque la crise frappe sa famille. La famille de Maria Campbell est divisée quant à la décision de la placer dans un pensionnat. Son séjour y est bref et désagréable, mais aussi clairement qu'elle se souvienne, dans les écoles publiques qu'elle et ses sœurs fréquentent, on les traite de manière raciste et humiliante. James Gladstone fréquente un pensionnat et une école industrielle. Il est sujet à la maladie, il est témoin de la mort d'un ami qu'il attribue à un manque de soins médicaux et il passe la majeure partie de son temps à l'école à effectuer des corvées ou à travailler à l'atelier d'imprimerie. Ironiquement, le pensionnat contribue à renforcer son identité autochtone. Il y apprend les langues autochtones et les traditions culturelles des autres garçons et, plus tard, il joue un rôle de leadership au sein de la communauté autochtone canadienne et siège même au Sénat. Ces histoires ne sont qu'un aperçu de la complexité de la réalité des Métis dans les pensionnats.

Madeline Bird est née Madeline Mercredi en 1899, à Potato Island près de Fort Chipewyan, sur le territoire actuel de l'Alberta. Ses parents étaient métis, son père étant natif du Manitoba[1]. Sa mère, Julienne Laviolette, était de Fort Chipewyan et a fréquenté l'école du village. « Elle était stricte, comme les sœurs. Parfois elle l'était encore plus, mais elle nous aimait beaucoup. Malgré ma santé fragile, quand j'étais jeune, elle me donnait une fessée de temps en temps[2]. » À la mort du père de Madeline, Joseph, en 1909, une de ses sœurs part habiter à Fort Vermilion (Alberta) chez un oncle, son parrain. Là-bas, elle étudie au couvent des Sœurs de la Providence et revient à Fort Chipewyan à l'âge de 18 ans[3]. Madeline reste à Fort Chipewyan, où elle est éduquée à l'école de Holy Angels (qui servait également de couvent). Enfant malingre, elle réside au couvent jusqu'à ses 18 ans. Sans le soutien des sœurs, elle ne croit pas qu'elle aurait survécu[4]. « Il y avait beaucoup d'enfants pitoyables à cette époque. Les orphelins étaient encore plus pitoyables que les autres, parce qu'ils étaient maltraités par les gens et parfois même, par les membres de la famille. Les grands-mères étaient les meilleures personnes pour aimer les orphelins et en prendre soin, mais les autres, ils ne faisaient que les affamer et les battre, trop souvent[5]. »

Bien que la plupart des Métis à Fort Chipewyan parlent français, l'enseignement à l'école au début du XXe siècle se fait en anglais un jour et en français le jour suivant. Selon Madeline Bird, dans sa famille élargie « personne ne voulait parler l'anglais »[6]. L'éducation est essentiellement limitée à la copie de textes et aux exercices de mémoire. « Les sœurs n'étaient pas vraiment des enseignantes, mais elles faisaient de leur mieux. Quelques-unes d'entre elles étaient de très bons professeurs et très bonnes pour nous. Certaines nous donnaient simplement un livre et nous faisaient copier et copier, alors on est devenue bonne en écriture. On copiait pendant des heures, en silence. »

Les plumes, les crayons et même le papier sont fournis de façon limitée. « Quelques sœurs nous faisaient écrire avec des crayons parce que ça devenait trop difficile d'écrire avec les vieilles plumes trempées dans l'encrier. C'était un cadeau pour nous de pouvoir revenir aux bons vieux crayons. Mais là, il fallait tout effacer ce qu'on avait écrit afin d'avoir plus de papier pour continuer à copier[7]. »

Quand elles n'étudient pas, elles travaillent. « Nous devions transporter du bois pour le feu, comme les garçons, et faire plein de corvées dans les salles de jeux, les dortoirs et les terrains de jeux. Nous avions toutes des tâches à faire. Il y avait les corvées, comme laver la vaisselle et les tables, balayer les planchers dans les salles de jeux, les dortoirs, les salles de classe, les escaliers et les corridors[8]. »

Madeline Bird est fière des aptitudes qu'elle développe à l'école.

> J'ai tout appris au couvent, cuire du pain et des pâtisseries, cuisiner de bons repas, comment faire du beurre, traire les vaches et m'occuper des poules, comment faire de gros lavages, décorer les autels, faire de la broderie perlée, du crochet, du tricot, de l'artisanat et des courtepointes. J'ai toujours essayé de tout apprendre. J'étais une femme à tout faire et j'essayais de tout faire bien[9].

Il y a tellement peu de membres du personnel que les élèves sont appelés à venir en aide en périodes de maladie.

Quand un enfant était malade, il fallait qu'il reste à l'infirmerie et, habituellement, quelqu'un restait avec lui. Même moi, j'avais l'habitude de m'asseoir avec eux quand ils étaient malades. C'était difficile pour nous, on avait peur et parfois ils pleuraient et avaient peur de mourir. Les sœurs étaient trop occupées et trop peu nombreuses, elles ne pouvaient pas donner beaucoup de temps à un seul enfant[10].

Madeline se souvient d'une épidémie au cours de laquelle les sœurs avaient difficilement pu dormir. « Alors que tout le monde était au lit, les sœurs transportaient de grosses cruches de boissons chaudes pour les enfants afin de prévenir la maladie et les complications[11]. »

Diverses règles sont appliquées pour préserver la moralité des élèves. Madeline se souvient s'être fait sermonner pour avoir sifflé. « On me disait que j'appelais le diable[12]. » Une permission devait être accordée pour assister à un mariage ou à des funérailles à l'Église anglicane locale[13]. Et, lorsqu'une des filles écrit une lettre à un père oblat nouvellement arrivé, elle est rapidement expulsée sur l'instance de l'évêque, malgré le fait qu'elle est orpheline et qu'elle n'a « pas d'argent et nulle part où aller »[14].

Bien que dans ses mémoires elle décrive souvent les sœurs et les prêtres de Fort Chipewyan comme des personnes sévères, dans l'ensemble, elle leur attribue de la gratitude et de la compréhension. Elle leur est redevable de lui avoir sauvé la vie et de lui avoir appris tout ce qu'elle sait – tant sur le plan pratique que spirituel[15]. Elle croit également que leur vie était aussi dure et difficile que celle des élèves.

> Après avoir travaillé toute la journée, ils dormaient dans les dortoirs avec les enfants. Ils n'avaient même pas leur propre chambre, juste de gros rideaux blancs, comme un petit carré blanc autour de leur lit. Ils pouvaient tout entendre toute la nuit et se levaient pour prendre soin des enfants qui pleuraient parce qu'ils étaient malades, qu'ils avaient froid ou qu'ils faisaient des cauchemars... Certains d'entre eux venaient d'écoles et de foyers où ils avaient vu beaucoup de méchanceté et de punitions. Ils croyaient que c'était la meilleure façon de faire. Ils se faisaient sévèrement réprimander aussi lorsque les enfants agissaient mal, alors ils devaient être stricts[16].

Maria Campbell est née en 1940 au sein d'une famille métisse qui s'est réfugiée à Spring River, « cinquante milles [80,4 kilomètres] au nord-ouest de Prince Albert », après la Rébellion du Nord-Ouest de 1885. Les membres de la communauté y gagnaient leur vie comme chasseurs et trappeurs. Lorsque, dans les années 1920, le territoire s'ouvre au peuplement des lots de colonisation, bon nombre d'entre eux tentent de se faire fermiers dans l'espoir de saisir au moins une parcelle de terre. Par manque d'expérience et de capital, la plupart n'arrivent pas à respecter l'exigence de défricher un nombre spécifié d'acres sur une période de trois ans. Leur terre est reprise par de nouveaux colons et ils battent en retraite dans les baraques de chantier de réserves routières, les bandes de terres publiques de trente pieds (neuf mètres) de largeur qui s'étendaient de chaque côté de la route[17]. Malgré la pauvreté toujours présente, la famille de Maria était instruite. Sa mère leur lisait des œuvres de « Shakespeare, Dickens, sir Walter Scott » et les poèmes de Henry Wadsworth Longfellow[18]. Sa grand-mère Dubuque était une Indienne inscrite en vertu d'un traité et elle avait été élevée dans un couvent, et une de ses arrière-grands-mères, Cheechum, avait un lien de parenté avec le chef militaire métis, Gabriel Dumont[19]. Les membres de la famille étaient des catholiques qui allaient régulièrement à l'église. « La messe était dite en latin et en français, et quelques fois en cri. Les rituels colorés étaient la seule chose qui rendait l'église supportable à mes yeux. J'étais fascinée par les rouges écarlates et les pourpres, et même les sœurs, que je n'aimais pas en tant que personne, étaient mystiques et obsédantes dans leur robe noire sur laquelle se balançaient d'énormes croix[20]. »

La vie de Maria Campbell prend un tournant dramatique l'année de ses sept ans. Un soir au souper, sa grand-mère Dubuque annonce qu'elle a organisé une surprise spéciale pour Maria; elle est acceptée au pensionnat de Beauval, en Saskatchewan.

> Ça semblait excitant, mais à voir l'expression de choc sur le visage de mon père, la joie sur celui de ma mère et le regard figé de Cheechum – nettement un signe de colère – j'étais confuse. Papa est parti après le souper et n'est pas revenu avant le lendemain. Entretemps, maman et grand-mère ont préparé ma valise. Je me souviens des affreux bas noirs, laineux et piquants, et du petit béret rouge que je devais porter et à quel point je le détestais[21].

De ses années à Beauval, elle garde très peu de souvenirs, sauf la solitude et la peur.

> L'endroit avait une odeur désagréable de savon et de vieilles femmes, et je pouvais entendre mes talons faire écho dans tout le bâtiment. On priait constamment, mais je ne me rappelle pas avoir fait beaucoup de lectures ou des travaux scolaires comme maman m'avait dit que je ferais – seulement des prières et mon travail, qui était de nettoyer les dortoirs et les corridors. Je me souviens très bien d'une punition que j'ai reçue. On n'avait pas le droit de parler cri, seulement français et anglais. Pour avoir désobéi à cette règle, on m'a confinée dans une petite armoire sans fenêtre ni lumière et j'y suis restée enfermée pendant ce qui m'a semblé des heures. J'étais presque paralysée par la peur lorsqu'ils sont venus me libérer. Je me souviens du dernier jour d'école et de la sensation de liberté que j'ai ressentie quand mon père est venu me chercher. Il m'a promis que je n'aurais plus jamais à revenir parce qu'on bâtissait une école chez nous[22].

Elle a vite constaté que l'école publique n'était pas un endroit accueillant pour les élèves métis. La classe de Maria était divisée par race, les Euro-Canadiens d'un côté et les Métis de l'autre. « On se battait souvent contre les enfants blancs, mais finalement, après leur avoir filé une bonne raclée, on se retrouvait seul[23]. » Les heures de repas soulignaient les différences entre les deux groupes d'élèves.

> Il y avait du pain blanc et du pain brun, des œufs à la coque, des pommes, des gâteaux, des biscuits et des pots de lait. On était chanceux d'avoir ça, même à Noël. On avait de la bannique pour dîner, badigeonnée de lard et remplie de viande sauvage, et s'il n'y avait pas de viande, on prenait des patates froides avec du sel et du poivre, ou encore, du spermophile (*gopher*) grillé avec de la sauge. Pas de pommes ni de fruits, mais si on était chanceuse, il y avait des sandwiches à la confiture pour dessert[24].

Une des enseignantes alternait entre des éclats de cruauté, souvent en ridiculisant les enfants métis pour leurs erreurs, et des gestes de gentillesse nourris par la culpabilité[25].

Un jour, Maria, accablée par la honte de son ascendance, est arrivée à la maison et a traité ses parents de « sang-mêlé bon à rien ». Son arrière-grand-mère l'a amenée loin de la maison. Après l'avoir sermonnée sur son comportement, elle l'a frappée et lui dit : « Je vais te frapper chaque fois que je vais t'entendre parler comme tu l'as fait. Si tu n'aimes pas ce que tu as, alors cesse de t'en prendre à tes parents et fait quelque chose par toi-même. » Puis elle l'a ramenée à la maison[26].

James Gladstone, un futur sénateur canadien, a fréquenté successivement le pensionnat anglican de Saint-Paul sur la réserve des Gens-du-Sang et l'école industrielle de Calgary, en Alberta, au début du XXᵉ siècle. Né en 1887, il a été élevé à Mountain Mill près de Pincher Creek, sur le territoire actuel de l'Alberta, par ses grands-parents, Harriet et William Gladstone. William était un non-Autochtone né à Montréal en 1832 qui travaillait sur la côte ouest de l'Amérique du Nord depuis 1848. En 1855, il épousait Harriet Leblanc, une femme crie. Leurs enfants ont pour la plupart adopté la religion catholique, mais William Gladstone est demeuré un fidèle protestant tout au long de sa vie. Une de leurs filles, également prénommée Harriet, a vécu quelques années avec un non-Autochtone, James Bowes. Elle a donné naissance à quatre enfants, dont James Gladstone. Parce que son père n'était pas Autochtone, James a grandi sans le statut d'Indien en vertu de la *Loi sur les Indiens*. Malgré cela, il a fréquenté deux pensionnats. Sa présence dans ces écoles témoigne du fait que, malgré les changements dans la politique du gouvernement en matière de financement et d'admission, de nombreux Indiens non inscrits ont été admis dans les pensionnats.

En 1894, la cousine de James, Nellie, inscrit son frère Alex au pensionnat catholique romain de High River, sur le territoire actuel de l'Alberta. Dans l'espoir qu'il devienne catholique, elle décide d'inscrire également James, alors âgé de sept ans. Bien qu'elle n'ait l'autorisation ni des parents de James ni de ses grands-parents, elle réussit à faire admettre les deux garçons à l'école. Mais le séjour de James à l'école est de courte durée. Dès qu'il voit la voiture de sa cousine quitter le terrain de l'école, il réalise qu'il veut rentrer à la maison. D'abord en courant derrière la voiture de sa cousine, mais il sait tout de suite qu'il n'arrivera pas à la rattraper à pied. Il entreprend alors un long trajet, voyageant avec les gangs de train quand il le pouvait, pour finalement rejoindre sa cousine sur le dernier tronçon de la route menant à la maison.

Son grand-père William est bien déterminé à ne plus laisser James tomber aux mains des catholiques. Le fait que James ne soit pas un Indien inscrit aux termes de la *Loi sur les Indiens* aurait dû être un obstacle à son admission au pensionnat anglican Saint-Paul sur la réserve des Gens-du-Sang. Son grand-père tire toutefois parti de ses liens d'amitié avec F. W. Godsal, un fermier local et bienfaiteur financier de l'école, pour y faire admettre James et son frère Steven[27].

À son arrivée à l'école, James parle l'anglais et le cri, mais pas le pied-noir, la langue parlée par la plupart des élèves de l'école. Au début, il peut communiquer avec les autres élèves par un langage des signes connu de tous les peuples autochtones des Prairies[28]. Il y reste six ans, au cours desquels il apprend à parler la langue des Pieds-Noirs et assimile une bonne partie de leur culture[29]. Dans un mémoire consacré à son séjour à l'école il écrit : « À cette époque, les enseignants étaient dévoués à leur travail. Ils insistaient pour qu'on parle l'anglais et ceux qui avaient le meilleur comportement avaient droit à cinq, dix ou cinquante cents le samedi. Cet argent venait directement des poches des enseignants. Je me rappelle avoir été puni plusieurs fois pour avoir parlé pied-noir[30]. »

En 1899, l'école renvoie les frères Gladstone en raison de leur statut. Steven retourne à la maison, mais James, alors âgé de 12 ans, demeure sur la réserve chez un missionnaire anglican pour qui il travaille comme traducteur, tout en fréquentant une école pour les enfants du personnel des Affaires indiennes[31]. En 1900, après d'innombrables discussions entre Ottawa et l'agent des Indiens régional, James est réadmis à l'école en tant que résident de la réserve des Gens-du-Sang. En vertu de cette entente, le gouvernement fédéral s'engage à assumer les coûts de son éducation[32].

James Gladstone était critique à l'égard des soins médicaux offerts aux élèves. Au printemps de 1900, un ami de l'école, Joe Glasgow, tombe malade après avoir marché sur un clou. « Le révérend a appelé un médecin de Fort Macleod pour qu'il vienne, mais c'était un ivrogne d'aucune utilité qui a trop attendu pour venir. J'ai pris soin de Joe pendant deux jours, jusqu'à ce qu'il meurt. J'étais le seul qu'il écoutait pendant son délire[33]. »

En 1903, il part pour l'école industrielle de Calgary – malgré les objections de son directeur. Il va à Calgary pour apprendre le métier de charpentier, mais comme il n'y a pas de formateur en charpenterie, on le fait travailler à la buanderie et à la cuisine. Plus tard, il est affecté à l'atelier d'imprimerie de l'école qui produit le magazine du diocèse anglican régional, ainsi que d'autres publications à caractère religieux. Il y reçoit une formation de typographe et, d'après ses mémoires, très peu d'élèves assistaient aux classes[34].

Une révolte étudiante est déclenchée après qu'une blanchisseuse de l'école se soit plainte qu'une paire de ses mocassins était manquante. Le directeur ordonne que tous les garçons soient mis au pain et à l'eau, y compris James qui relevait d'une fièvre typhoïde, jusqu'à ce que le voleur avoue son crime. En guise de protestation, les élèves instiguent une grève et se mettent à quêter de la nourriture dans les rues de Calgary, ne retournant à l'école que pour dormir. Vingt-cinq d'entre eux, y compris James Gladstone, décident de prendre le chemin de la maison. Après avoir marché quarante kilomètres, ils s'arrêtent dans un camp cri où des agents de la gendarmerie les rattrapent. Les policiers les ramènent aux baraques d'Okotoks et les nourrissent, puis les fugueurs organisent un match de football. Le lendemain, les garçons retournèrent à l'école en train. Peu de temps après leur retour, la blanchisseuse trouve ses mocassins dans sa chambre, sous une pile de magazines[35].

À la fin de ses études, James Gladstone revient sur la réserve des Gens-du-Sang. En 1920, à 33 ans, on lui accorde le statut d'Indien conformément à la *Loi sur les Indiens*. Il est marié à Janie Healy, une femme de la nation Kainai, et sa demande de statut d'Indien reçoit l'appui du directeur du pensionnat local, S. H. Middleton, de l'agent des Indiens local et des chefs régionaux des Premières Nations[36].

CHAPITRE 2

Les Métis et les débuts du système des pensionnats : 1883-1910

Dans son rapport de 1879 adressé au gouvernement fédéral, intitulé *Report on Industrial Schools for Indians and Half-Breeds*, Nicholas Flood Davin propose un rôle central des personnes d'ascendance mixte dans le fonctionnement des pensionnats et dans l'assimilation en général, concluant que les Métis pourraient servir « de médiateurs naturels entre le gouvernement et les Peaux-Rouges ainsi qu'être leurs éducateurs naturels[1]. » Cependant, dès le début du système de pensionnat, on s'oppose à ce qu'il se destine à d'autres communautés que les « Indiens », lesquels étaient nettement considérés comme une responsabilité fédérale. Le 1er décembre 1879, Hugh Richardson, un magistrat fédéral et membre de l'assemblée territoriale des Territoires du Nord-Ouest, résidant à Battleford[2], avise le gouvernement fédéral que si de « plus grandes facilités pour l'éducation » sont fournies aux Métis dans l'Ouest sans que les Métis aient à payer pour les recevoir, « la population blanche aura, je crois, d'assez bonnes raisons de réclamer les mêmes droits, et il ne serait pas praticable d'accorder cela à présent »[3]. Ce point de vue, qui cherchait à exclure les enfants métis des pensionnats afin de limiter les coûts, demeurerait un facteur dominant dans l'établissement de la politique gouvernementale.

En 1884, le père Joseph Hugonnard et le père Albert Lacombe, qui sont sur le point d'ouvrir respectivement les écoles de Qu'Appelle et de High River, demandent l'autorisation d'admettre les enfants de parents blancs ou d'ascendance mixte. Tandis que le père Lacombe suggère que les parents des enfants paient pour l'éducation de leurs enfants à l'école, le père Hugonnard, lui, s'en abstient. Le commissaire des Indiens Edgar Dewdney s'oppose à leur inscription, disant « nous devrions réserver l'école aux Indiens seulement »[4]. L'année suivante, le père Lacombe est avisé qu'il peut admettre les enfants métis à la condition que les parents paient les frais scolaires – un obstacle presque insurmontable pour la majorité des parents[5]. En 1886, on lui accorde la permission d'« admettre quelques élèves métis à l'école dans le but d'essayer d'inciter les enfants indiens à rester à l'école, comme une sorte d'exemple pour les garçons indiens »[6]. Au cours de l'année scolaire 1892-1893, l'école de High River a admis « six Métis »[7].

Durant les deux premières décennies du système, les élèves métis étaient présents partout dans les écoles de l'Ouest. En 1889, alors que le directeur J. R. Scott est en recrutement d'élèves pour l'école industrielle Metlakatla, nouvellement ouverte en Colombie-Britannique, il visite quelques communautés établies le long de la rivière Nass. « Huit garçons Sauvages et quatre garçons Métis exprimèrent leur désir d'entrer à l'école. Je dis aux derniers que je ne pouvais les recevoir ; je fis cependant une exception en faveur de l'un d'eux[8]. » Ce genre d'exception devient la norme dans l'admission des élèves de famille d'ascendance mixte.

Du fait que le gouvernement fédéral avait établi les écoles industrielles et fourni la majorité de leur financement, il était en droit de définir ses politiques d'admission. Les missionnaires gardèrent un plus grand contrôle sur le choix des élèves admis dans les plus petits pensionnats. Les pensionnats étaient généralement administrés par les Églises et recevaient un niveau de financement fédéral moindre que celui accordé aux écoles industrielles. Par conséquent, les pensionnats étaient plus susceptibles d'admettre les enfants non inscrits, même si l'Église devait payer pour ces élèves à même les fonds de la mission. Au début des années 1890, la plupart des enfants du pensionnat anglican d'Onion Lake, sur le territoire actuel de la Saskatchewan, étaient d'ascendance mixte. Le directeur John Matheson assumait les coûts d'éducation des enfants, demandant à seulement deux reprises une aide gouvernementale sous forme de nourriture ou d'une subvention par élève[9]. En 1895, Matheson propose d'ouvrir à Onion Lake une école distincte pour les enfants non inscrits, qui fonctionnerait en lien avec le pensionnat anglican existant[10]. En 1898, il convainc le gouvernement d'accorder une subvention par élève pour deux enfants dont la mère est une Indienne inscrite et qui ont été abandonnés par leur père euro-canadien. Le ministère des Affaires indiennes avise le directeur qu'il s'agit là d'un cas isolé qui ne doit pas être considéré comme un précédent[11]. Deux ans plus tard, seulement 14 des 34 élèves de l'école anglicane d'Onion Lake étaient des Indiens inscrits. À l'école catholique de la même région, 49 des 62 élèves étaient des Indiens inscrits[12]. En 1897, en réponse à une plainte d'un catholique contre un directeur méthodiste qu'il accusait d'accepter des élèves « non indiens » à l'Institut Coqualeetza de Colombie-Britannique, l'agent des Indiens Frank Devlin mène une enquête. Il découvre que 40 des 100 élèves sont « non indiens »[13].

Selon le rapport annuel du ministère des Affaires indiennes de 1893, il y avait cinq « enfants métis, et étrangers au traité » qui fréquentaient l'école de Kamsack, sous la tutelle de l'Église presbytérienne[14]. En 1895, l'agent des Indiens John Semmens, dans sa quête d'une orientation pour l'admission des enfants d'ascendance mixte, demande : « Si le père est indien et que la mère est blanche, ou vice-versa, est-ce que l'enfant peut être admis[15]? » Lorsqu'en 1898, l'école Cluny (Alberta) est inspectée, des 35 élèves de l'école, 13 n'ont pas le statut indien en vertu de la *Loi sur les Indiens*[16].

Durant les années 1880 et jusque dans les années 1890, les missionnaires font pression sur le ministère des Affaires indiennes pour s'assurer que les enfants de « sang-mêlé » à qui on a « permis de renoncer aux droits issus de traités » ont accès aux écoles[17]. Les directeurs de pensionnats sont également alarmés par le nombre de parents métis qui se retirent du traité. À partir des traités numérotés, le Canada commence à réclamer du peuple autochtone qu'il se déclare soit « Indien » (en vertu d'un traité), soit « Sang-Mêlé » admissible aux certificats (certificat pouvant être échangé contre une terre ou, plus tard, contre une terre ou de l'argent). Dans certains cas, les personnes qui avaient choisi le traité pouvaient s'en retirer et demander un certificat. En 1899, le directeur de Qu'Appelle, Joseph Hugonnard, s'inquiète : « Plusieurs Métis qui font partie des réserves et qui sont, en vertu d'un traité, des Indiens inscrits, veulent maintenant renoncer à leurs droits et obtenir un «certificat». » Hugonnard mentionne que s'ils sont nombreux à le faire, ils vont devoir sortir leurs enfants de l'école et « notre taux de fréquentation va s'en ressentir »[18]. En mai 1899, il écrit qu'il y a un risque que les enfants de « sang-mêlé » qui ont « un lien avec les Métis visés par un traité ou qui sont sous leur protection » deviennent « une menace perpétuelle pour les Indiens éduqués et la communauté », à moins d'être éduqués. Pour cette raison, il espère qu'ils soient admis dans les écoles industrielles[19].

Lorsque le Traité 8 est négocié en 1899 — en grande partie en réponse à la ruée vers l'or du Yukon et à la présence de prospecteurs dans la région au nord du Grand lac des Esclaves — l'évêque Émile Grouard participe aux pourparlers. À la fin des négociations du Traité, l'évêque Grouard presse les Métis à y adhérer pour qu'ils s'assurent que leurs enfants soient admissibles aux subventions fédérales pendant leur séjour dans les pensionnats[20].

L'année suivante, Grouard écrit au premier ministre pour lui faire part de son inquiétude concernant le nombre de personnes d'ascendance mixte ayant décidé de se retirer du Traité. En conséquence, elles sont

> maintenant dans une position infiniment inférieure par rapport aux autres Indiens, et par-dessus tout, par rapport à l'éducation de leurs enfants. Jusqu'à ce que des villes et des villages se forment dans ce pays, ou que des établissements s'y créent, aucun autre type d'école qu'un pensionnat n'est possible. Si les parents sont nomades, du moins réunissons leurs enfants sous un même toit pour qu'ils reçoivent les bienfaits de l'enseignement. C'est ainsi que le gouvernement le conçoit et c'est ce qu'il souhaite pour les Indiens. Mais ces soi-disant Sang-Mêlé, qui sont aussi nomades que les Indiens et qui ne peuvent s'empêcher de vivre comme des nomades, s'ils veulent survivre (en se rappelant que nous ne sommes pas sur les plaines fertiles de l'Alberta, mais au lac Athabaska et au Lac des Grands-Esclaves où toute culture est pratiquement impossible) qu'est-ce qu'ils feront de leurs enfants? Qui ne sont pas différents, moralement ou physiquement, des enfants indiens. Il me semble

que les seules mesures à prendre sont de nous permettre, en ce nouveau pays et en ces circonstances exceptionnelles, de recevoir dans nos pensionnats ces enfants métis au même titre que les enfants indiens. Autrement, comme je l'ai déjà expliqué, ces malheureux enfants métis se retrouveront dans une position terriblement inférieure qui n'apportera aucun bon résultat pour l'avenir[21].

C'était en octobre 1899, avant que le ministre des Affaires indiennes Clifford Sifton expose ce qui devait être la politique officielle à l'égard des Métis et des autres élèves non inscrits pour les 38 prochaines années. Sifton a répondu qu'il ne pouvait être en accord avec l'opinion du commissaire des Indiens David Laird selon laquelle « seuls les enfants inscrits en vertu d'un traité devaient être admis dans les écoles indiennes ».

Une ligne bien définie peut être tracée entre les Sang-Mêlé, à proprement parlé, et les Indiens. Bien que je ne crois pas que les enfants métis natifs du Manitoba et des Territoires doivent être admis dans les écoles pour Indiens et subventionnés par le Ministère, je suis décidément d'avis que tous les enfants, même ceux d'ascendance mixte, légitimes ou pas, qui vivent au sein d'une réserve indienne et dont les parents, d'un côté ou de l'autre, vivent en tant qu'Indiens dans une réserve, même s'ils ne sont pas rentiers, devraient pouvoir être admis dans les écoles. Il faut se rappeler que les pensionnats et les écoles industrielles n'ont pas été institués dans le but de respecter les modalités d'un traité ou pour se conformer à une quelconque disposition de la loi, mais bien dans l'intérêt public, de sorte qu'il ne se crée pas au sein des réserves une classe barbare et sans instruction. Le gouvernement du Nord-Ouest ne peut pas payer pour l'éducation de non-rentiers sur les réserves; et si nous les excluons de nos écoles, ils seront pratiquement exclus de tous les moyens de s'instruire[22].

Malgré la prise de position du ministre Sifton permettant l'admission des enfants métis dans les pensionnats, la politique du gouvernement au cours des années qui ont suivi est demeurée contradictoire et peu rigoureuse. Par exemple, au début du XXᵉ siècle, le gouvernement fédéral a accordé un appui limité à l'initiative d'un oblat qui prévoyait un pensionnat pour élèves métis : la colonie Saint-Paul-des-Métis.

Saint-Paul-des-Métis

Dans les années 1890, le missionnaire oblat Albert Lacombe (le directeur fondateur de l'école de High River) cherche à créer une colonie métisse dans les Prairies canadiennes. Comme c'est le cas de nombreux oblats de cette époque, sa démarche s'inspire des missions jésuites qui se sont établies au Paraguay au XVIIᵉ siècle. Le père Lacombe croit que, dans une telle colonie, les oblats pourront donner leur enseignement et une formation agricole aux Métis, tout en maintenant une présence catholique dans une région où un nombre croissant de colons protestants arrivent[23].

Il expose son point de vue en 1895 dans un document intitulé *A Philanthropic Plan to Redeem the Half-Breeds of Manitoba and the Northwest Territories* , dans lequel il demande instamment au gouvernement fédéral de réserver pour la colonie quatre cantons sur le territoire actuel de l'Alberta. La terre serait divisée en lots de 40 acres (16 hectares), sur lesquels « les familles métisses pauvres seraient logées. » Selon la recommandation du père Lacombe, « le chef de famille qui acceptera lesdits 40 acres pour son usage personnel, et celui de ses héritiers et successeurs, devra s'engager par contrat signé à ne pas vendre ou aliéner le titre de ladite terre, laquelle demeurera à jamais dévolue à la Couronne. » De plus, il demande que quatre sections de terrain soient léguées à l'Église catholique « pour y construire un établissement religieux et y exploiter une école industrielle pour les enfants métis »[24]. Le gouvernement fédéral accepte de louer deux cantons à la colonie qui sera administrée par un conseil de gestion formé des évêques catholiques de Saint-Boniface, de Saint-Albert et de Prince Albert, du père Lacombe et de deux personnes mandatées. Quatre lots de terre sont réservés, sur lesquels l'Église catholique peut ériger « une école industrielle pour enfants métis ». Deux baux distincts sont rédigés : un pour la terre de colonisation agricole et un pour la terre sur laquelle on construira une école et une église. Dans les deux cas, le loyer est de 1 $ par année. De plus, le gouvernement fédéral consent à fournir jusqu'à 2 000 $ pour l'achat de machinerie agricole et de semences « aux Métis les plus démunis qui se joindront à la colonie au cours de la prochaine année financière »[25]. La terre était au nord de la rivière Saskatchewan, près des lacs Egg et Saddle, sur l'actuel territoire de l'Alberta[26]. Le père oblat Adéodat Thérien a été nommé directeur résident[27].

Le père Lacombe lance alors un appel aux « Métis du Manitoba et du Nord-Ouest », particulièrement à ceux qui « n'ont plus de maison et qui ne savent pas comment gagner leur vie ». La colonie doit démarrer à petite échelle et elle ne peut fournir d'aide financière aux colons. Le père Lacombe leur promet : « Dès que possible, nous établirons des écoles industrielles pour garçons et filles qui pourront recevoir une formation scolaire et dans divers métiers, principalement en agriculture et en élevage de bovins[28]. » La colonie, qu'on appelle Saint-Paul-des-Métis, commence ses activités à l'été de 1896. À l'arrivée des colons, on octroie à chacun d'eux un lot de 80 acres (32 hectares). En 1901, on compte 40 familles dans la colonie. Dès le début, elles sont assaillies par des problèmes de financement et de mauvaises récoltes. Le gouvernement fédéral refuse de leur fournir des fonds d'exploitation, à l'instar du gouvernement territorial[29].

En 1898, le père Thérien demande un soutien du fédéral pour un pensionnat, soulignant que sa tentative d'établir un externat dans la colonie a échoué. Il écrit que « les pionniers de la colonie » étant « plus ou moins plongés dans la misère » ne peuvent pas fournir à leurs enfants les vêtements chauds dont ils ont besoin pour se rendre à l'école. Il recommande :

> Des pensionnats devraient être érigés dans lesquels on pourrait garder les enfants métis et en prendre soin, les préservant ainsi des difficultés qui, jusqu'à présent, ont fait échec à nos plus vigoureux efforts.
>
> Les Métis eux-mêmes réalisent très bien leur incapacité à donner à leurs enfants une bonne éducation et ils désirent fermement que des pensionnats soient établis pour héberger leurs enfants.
>
> Sur tout le territoire Nord-Ouest, des requêtes ont été faites en ce sens et des démarches ont été entreprises par les Métis pour faire admettre leurs enfants dans les pensionnats érigés sur les réserves indiennes. Mais, comme ce projet d'envoyer les enfants métis dans les pensionnats indiens ne peut être adopté sans grands inconvénients, le seul moyen de régler la question serait d'établir des pensionnats réservés exclusivement aux enfants métis[30].

Le père Thérien demande une subvention de 72 $ par élève[31]. Dans ses pressions politiques auprès du ministre des Affaires indiennes Clifford Sifton en vue du financement de l'école et de la colonie en général, il décrit les Métis comme une menace sociale potentielle :

> Un jour viendra, et ce jour est plus près qu'on peut l'imaginer, où le gouvernement aura à dépenser de grosses sommes d'argent : pour bâtir des prisons et assurer la sécurité des citoyens respectueux des lois contre le manquement aux règles des Sang-Mêlé pauvres et miséreux, devenus sans pitié devant l'image constante de sa pauvreté et de sa déchéance[32].

Le secrétaire du ministère des Affaires indiennes, H. C. Ross, déclare que même si « dans les Territoires du Nord-Ouest, le gouvernement fédéral est responsable de l'éducation de la population, les enfants métis n'ont droit à aucune faveur en ce qui a trait à l'éducation[33]. » Le père Lacombe réitère sa demande de financement de l'école à l'automne de la même année. Après avoir inspecté la colonie, en janvier 1899, l'agent des terres fédérales A. A. Ruttan est d'avis « qu'il ne sera jamais assez tôt pour établir un pensionnat. » Toutefois, le sous-ministre des Affaires indiennes, James Smart, écrit au même moment qu'il n'y a « absolument aucune chance » que le gouvernement finance un tel projet[34].

En 1899, le père Adéodat Thérien ouvre un pensionnat qui héberge 48 élèves. L'école devient rapidement surpeuplée et, sans l'appui du fédéral, les oblats commencent la construction d'un pensionnat de trois étages qui peut accueillir de 100 à 150 élèves[35]. Pour résoudre les difficultés financières de la colonie, les pères Lacombe et Thérien mènent des campagnes de collecte de fonds partout au Canada et aux États-Unis, en 1902 et 1903. Le chef d'entreprise Rodolphe Forget fait un don de 5 000 $ et un haut dirigeant de la ligne de chemin de fer américaine, James J. Hill, natif du Canada, fait également une contribution de 5 000 $[36].

L'école, qui a une capacité de plus de 100 élèves, ouvre à l'automne de 1903[37]. L'endroit n'est pas très populaire auprès des parents et de leurs enfants. Selon un rapport écrit en 1942 par Louis Guillaume, un membre de l'Ordre des oblats ayant travaillé dans la colonie, en janvier 1905, plusieurs garçons avaient décidé de mettre le feu à l'école pour se rebeller contre les punitions qu'ils avaient subies. Un des aînés aurait dit aux autres garçons : « voulez vous débarrasser [sic] de cette prison, il n'y a qu'une chose à faire c'est de mettre le feu ».

Tôt le matin du 15 janvier 1905, un incendie se déclare dans l'école. Bien que le bâtiment soit évacué en toute sécurité, une fille, Marguerite Ducharme, retourne dans l'école. Elle meurt dans les flammes qui détruisent tout le bâtiment. Les autorités de l'école concluent qu'il s'agit d'un incendie criminel. Dix garçons sont d'abord arrêtés. Un juge de paix de Saddle Lake ordonne la libération de quatre d'entre eux et renvoie les autres à Fort Saskatchewan pour un procès. Dans le but de faire peur aux garçons, l'agent de police qui les escorte leur dit qu'ils vont probablement tous être pendus pour leur acte. Terrifiés, les garçons s'enfuient, mais sont rapidement rattrapés[38]. James Macleod, un juge de la Cour suprême des Territoires du Nord-Ouest et l'ancien commissaire de la Gendarmerie du Nord-Ouest, instruisent la cause[39]. Au cours du procès, l'avocat de la défense demande si quelqu'un est mort dans l'incendie et, selon le récit de Guillaume, il a « blâmé les Rev. Sœurs et la nourriture ». À la surprise de Guillaume, les enfants sont libérés et le policier qui les avait menacés de pendaison reçoit une sentence d'un mois de prison. Guillaume conclut : « Probablement quelqu'un avait travaillé pour faire sortir ces enfants de la prison, sous prétexte qu'il n'y avait pas un pénitencier à Edmonton et qu'il aurait fallu les envoyer à Winnipeg ; s'auraient était perdus pour toujours [sic][40]. »

L'incendie marque le début de la fin pour la colonie. Le père Thérien s'implique dans les efforts pour accroître l'immigration du Québec dans les Prairies. Il devient très vite évident que Saint-Paul-des-Métis deviendra la destination de ces colons non métis. En 1909, la colonie est ouverte à l'établissement agricole général. La tentative d'établir une colonie métisse avait échoué[41].

CHAPITRE 3

Quarante ans de politique à l'aveuglette : 1899–1937

Le mémorandum du ministre Clifford Sifton de 1899, qui autorisait l'admission dans les pensionnats des élèves n'ayant pas de statut aux termes de la *Loi sur les Indiens*, a été souvent cité par les fonctionnaires du ministère des Affaires indiennes comme le fondement de la politique ministérielle sur cette question. Toutefois, la politique n'a jamais été clarifiée et sa mise en œuvre était loin d'être cohérente. Une tension constante régnait au sein du gouvernement entre le désir de contrôler les coûts et celui de contrôler une apparente menace sociale. La première pulsion favorisait une politique d'admission restrictive; la deuxième, une politique plus ouverte. Les Églises, aux prises avec les difficultés de recruter un nombre suffisant d'élèves, voyaient souvent l'admission d'enfants d'ascendance mixte comme une façon de remplir leurs écoles. Dans certains cas, ils pouvaient demander des droits d'inscription aux parents métis. Dans d'autres cas, les gouvernements provinciaux les payaient pour qu'ils acceptent des élèves; et dans d'autres cas encore, les Églises réussissaient à amener le gouvernement fédéral à payer pour l'éducation d'enfants non inscrits.

La politique du ministre Sifton n'est pas officiellement renversée avant 1937, mais il y a des moments pendant cette période où le gouvernement fédéral cherche à réduire le nombre d'admissions d'enfants non inscrits. Malgré cela, il est évident que durant cette période, les enfants métis fréquentaient les pensionnats partout au pays. Par exemple, en 1900, le commissaire des Indiens, David Laird, se plaint du directeur James Dagg qui « commence à envoyer les enfants au pensionnat de la Terre de Rupert sans se préoccuper du fait qu'ils proviennent ou non de familles d'Indiens des traités. » Un grand nombre d'élèves admis, selon le commissaire, « n'ont pas droit à ce privilège »[1].

En 1905, la mère supérieure de l'école catholique romaine de Kenora, en Ontario, demande au ministère des Affaires indiennes de fournir des subventions pour couvrir les dépenses reliées à deux orphelines de « sang-mêlé » que l'Église a admises à l'école « par charité ». Le Ministère rejette la demande. L'année suivante, alléguant que les admissions permises par le Ministère sont passées de trente à quarante et que ce nombre n'a pas été atteint, l'agent d'éducation au ministère des Affaires indiennes, Martin Benson, suggère que le Ministère accorde une subvention, à la condition qu'elle ne soit pas vue comme un précédent[2]. En janvier 1907, le Ministère décide d'accorder aux deux enfants les droits issus de traités, les rendant ainsi admissibles à une subvention par élève[3]. Expliquant sa décision dans un mémorandum à son ministre, le fonctionnaire du Ministère Duncan Campbell Scott écrit : « J'ai l'habitude de traiter les cas de cette nature fondés sur des motifs humanitaires et de convenance, plutôt que sur des règles et réglementations définies par la loi, écrites ou non écrites. » Il recommande que les enfants en cause soient non seulement acceptés à l'école, mais qu'on leur accorde les droits issus de traités et qu'ils deviennent des élèves admissibles à la subvention[4].

Au cours du XXe siècle, le directeur d'Onion Lake, John Matheson poursuit sa quête de financement pour « un grand nombre d'enfants métis et indiens non inscrits » qu'il garde à l'école à ses frais, mais il a « du mal à remplir son école d'enfants indiens ». Le commissaire des Indiens les a exclus du droit à la subvention pour les élèves, disant que la plupart d'entre eux sont des orphelins, enfants issus de mère indienne et d'un père blanc ou métis qui les a abandonnés. M. Matheson allègue qu'il y a « parmi les Indiens des gamins de rue, laissés pour compte, qui n'ont personne pour subvenir à leurs besoins et, à moins qu'un établissement ne les prenne en charge, ils feront sans aucun doute partie de notre classe criminelle ». De plus, « ils vivent sur la réserve et sont élevés comme des Indiens »[5].

En 1909, l'école de High River, en Alberta, accusait un déficit de 1 500 $ et hébergeait 15 élèves non admissibles aux subventions. La plupart de ces élèves étaient des enfants métis qui avaient perdu au moins un de leurs parents[6]. La présence des enfants métis à l'école de High River est mise en lumière en 1914 dans le journal de Calgary qui rapporte les plaintes d'une mère métisse. Elle s'était rendue à l'école et avait constaté que les pieds de ses enfants étaient meurtris et enflés après avoir été privés de bottes pendant trois mois. Plus tard au cours de l'été, un avocat de la Saskatchewan, Arthur Burnett, écrit au Ministère au nom d'un homme métis qui accuse le directeur de ne pas le laisser sortir ses enfants de l'école pendant les vacances d'été. L'homme était bouleversé de voir que ses enfants étaient mal traités à l'école. Le fonctionnaire des Affaires indiennes Duncan Campbell Scott demande au commissaire des Indiens W. A. Graham d'enquêter. La réponse du commissaire Graham est mitigée. Il reconnaît que certains enfants métis ont été gardés à l'école contre le gré de leurs parents, mais qu'ils ont été envoyés chez eux, et, en général, il se dit favorable à l'administration de l'école[7].

En 1909, le gouvernement ordonne à certaines écoles de renvoyer les élèves non inscrits. Cela aurait pour effet de faire passer le nombre d'élèves admis à l'école méthodiste de Red Deer (Alberta) de 45 à 28 (alors que le nombre d'admissions autorisé était de 90). Non seulement aurait-on parlé d'une perte importante en nombre, mais, selon le directeur, « certains des plus grands talents et des mieux formés chez les garçons et les filles » étaient parmi les enfants non inscrits. Il a dit : « quel que soit le nombre de nouveaux élèves, aucun d'eux ne pourra les remplacer parce que tous les nouveaux élèves sont jeunes et sans formation[8]. » Duncan Campbell Scott informe la Société missionnaire méthodiste que le gouvernement, n'ayant aucun désir de voir l'école de Red Deer fermer, est prêt à « fermer les yeux » sur la présence d'enfants métis dans l'école[9]. L'année suivante, dans son rapport annuel, il parle de l'éducation des enfants non inscrits comme l'un des avantages du système de pensionnat.

> Non seulement nos écoles enlèvent d'intelligents enfants sauvages des entourages funestes, mais encore elles viennent au secours d'une classe qui serait abjecte sans cette aide ; je fais allusion aux enfants illégitimes d'homme blancs et de femmes sauvages, dont la subsistance incombe à leurs mères, et qui n'ont aucune existence légale comme sauvages. Cette grande œuvre de charité qui est semblable aux efforts tentés par les communautés de blanc, aidée de dotations provinciale, municipale ou privée, doit être continuée par le gouvernement du Dominion, aidé des missionnaires chrétiens et des sociétés missionnaires[10].

Le contrat de 1910 conclu entre le gouvernement fédéral et les Églises pour l'exploitation des pensionnats fait état du problème relié aux enfants d'ascendance mixte, stipulant qu'« aucun enfant métis ne doit être admis à ladite école, sauf si le nombre d'enfants indiens n'atteint pas le nombre d'admissions autorisées. » L'admission était tout de même sujette à l'approbation du Ministère et aucune subvention ne serait versée pour un enfant admis en vertu de cette disposition[11].

En janvier 1911, le secrétaire du ministère des Affaires indiennes, J. D. McLean, écrit au ministre de l'Éducation de la Saskatchewan pour exposer la nouvelle politique. Sa lettre suggère que le gouvernement envisage d'adopter une approche beaucoup plus sévère que celle stipulée dans le contrat. Selon McLean, « dorénavant, aucun Métis ne sera admis dans les pensionnats ou les écoles industrielles administrés par ce ministère pour l'éducation des enfants indiens. » Cependant, ajoute-t-il, nous n'avons aucune intention de renvoyer les enfants de « sang-mêlé » qui fréquentent actuellement les écoles[12]. Le gouvernement fédéral tentait ainsi, sans grand succès, de forcer les gouvernements provinciaux à assumer la responsabilité de l'éducation des Métis.

En mars 1911, les agents des Indiens reçoivent des instructions précises : « Surveillez soigneusement toutes les demandes qui vous sont présentées, particulièrement pour ce qui est de l'âge et du statut des demandeurs[13]. » Le personnel exprime des opinions divergentes sur la question. L'agent des Indiens à Battleford (Saskatchewan) J. P. G. Day écrit que l'admission des élèves non Indiens abaisserait la norme de diligence globale au sein de l'école. Il souligne que lorsque les enfants métis sont admis dans une école sans droit de subvention, il y a de sérieuses raisons de penser que ces enfants sont nourris et vêtus à même l'argent alloué par le Ministère pour les autres enfants, proportionnellement au nombre d'élèves admis; par conséquent, ces derniers ne reçoivent pas ce qui leur est dû et l'efficacité de l'école en est compromise, et il en va de même de l'objet pour lequel l'école a été établie, soit, l'éducation et le perfectionnement de nos enfants indiens, avec pour but ultime de les rendre autonomes et d'en faire de bons citoyens[14].

Le surintendant d'école du ministère des Affaires indiennes, J. A. J. McKenna, s'oppose à la politique. Lorsqu'il est confronté à l'argument qu'il est du devoir des provinces d'éduquer les élèves métis, il rappelle aux fonctionnaires : « il n'y a aucun établissement provincial qui puisse offrir un tel service et nos pensionnats indiens sont les seuls organismes existants aux fins d'une éducation adéquate de la classe infortunée d'enfants. » En avançant cet argument, il fait écho au mémorandum de Sifton. Il pose la question : qu'est-ce qui empêchera les enfants non inscrits « de devenir des exclus et une menace pour la société s'ils ne sont pas acceptés dans les écoles indiennes – des écoles instituées et maintenues, rappelons-le, non pas dans le but de respecter les modalités des traités indiens, mais bien dans l'intérêt de la communauté »[15].

Malgré la politique, les fonctionnaires d'école continuent d'admettre les Indiens non inscrits et les élèves d'ascendance mixte. En 1912, par exemple, le directeur de l'école de Lestock (Saskatchewan) rapporte : « Suivant les nouveaux arrangements, nous pouvons loger 25 garçons et 33 filles et le personnel de 10. En plus du nombre inscrit, nous avons pris 11 Métis et 1 enfant sauvage au-dessous de l'âge de sept ans[16]. » À High River, on signale que « les 66 enfants récemment admis sont d'ascendance mixte ». Frank Pedley, le sous-ministre des Affaires indiennes, avise le ministre : « L'admission systématique de 66 Métis à une école indienne est une indication de l'ampleur que pourrait prendre une telle action si elle était appliquée aux 19 écoles industrielles et aux 54 pensionnats. » La situation à High River se complique du fait que, apparemment, 290 élèves sont hébergés dans une école qui est autorisée à en recevoir 225[17].

En 1914, on constate que l'école de Qu'Appelle compte 36 élèves métis, même après en avoir renvoyé 15 au cours de l'année précédente. Le ministère des Affaires indiennes menace d'annuler les subventions si les enfants ne sont pas remplacés par des élèves inscrits aux termes de la *Loi sur les Indiens* avant l'année suivante[18]. Un des élèves non inscrits admis à l'école était Louise Moine, qui avait grandi au sein d'une famille métisse dans la vallée du Lac Pelletier, en Saskatchewan. En 1908, la famille comptait 10 enfants. La mère avait pris la décision d'envoyer les enfants au pensionnat de Qu'Appelle. Bien que la décision ne fût pas contestée à ce moment, avec le recul, Louise en conclut que ses parents les avaient envoyées au pensionnat, elle et ses sœurs, faute de ressources et pour s'assurer qu'elles reçoivent une éducation religieuse. « Là, nous serions hébergées, nourries, vêtues et éduquées sans avoir rien à payer, sauf le voyage en train entre la maison et l'école. Aussi, c'était une institution religieuse administrée par des prêtres et des sœurs, alors mes parents étaient assurés que cette partie de notre éducation ne serait pas négligée[19]. »

Dans ses mémoires, Louise Moine écrit qu'elle savait qu'elle et d'autres enfants métis n'étaient pas censés être à l'école. Elle se rappelle que le commissaire aux Indiens W. A. Graham venait régulièrement à l'école. Toutefois, écrit-elle, « si M. Graham remarquait quelques égarés dans la place, il n'en a jamais parlé, alors nous sommes restés »[20]. Dans sa quête pour de nouveaux élèves, le directeur de Qu'Appelle, le père Hugonnard, visite les réserves d'Assiniboine, de Moose Mountain, de Pipestone et d'Oak Lake, sans grand succès, rapportant qu'il « n'avait réussi à remplacer que six élèves métis par des élèves indiens »[21]. En 1913, dans un document concernant l'école Saint-Bernard, en Alberta, l'évêque Grouard écrit que « pour avoir une école, quelle qu'elle soit, il est nécessaire d'admettre les enfants métis et indiens. » Les enfants métis n'étaient pas comptés en tant qu'Indiens, et il n'a jamais reçu pour eux de subventions de la part du gouvernement[22].

À la fin de 1913, le ministère des Affaires indiennes reconnaît que le contrat de 1910 équivalait à un revirement de la politique du ministre Sifton, et annonce que, une fois encore, il admettra les élèves qui ont le statut d'Indien en vertu de la *Loi sur les Indiens*. Encore une fois, « tous les enfants, même ceux de sang-mêlé, qu'ils soient légitimes ou non, qui vivent sur une réserve indienne et dont les parents, d'un côté ou de l'autre, vivent en tant qu'Indiens même s'ils ne sont pas rentiers », pourront être admis dans les écoles. Le changement dans la politique était accompagné d'un avertissement formulé par Duncan Campbell Scott :

> Il faudra toutefois se prémunir contre les abus, et chaque demande d'admission devra être accompagnée d'une preuve satisfaisante que le demandeur est un Métis auquel les règles s'appliquent et non une personne qui a été adoptée par les Indiens ou autrement amenée à s'associer aux Indiens dans le seul but d'être admis dans nos écoles[23].

On peut voir l'impact des règles fédérales en matière d'admission, et de leurs incohérences, sur la structure familiale autochtone dans l'histoire de la famille de Thomas Desjarlais, un Métis originaire du Manitoba. Dans les années 1880, il vivait à Lebret, en Saskatchewan, et était marié à une femme métisse du territoire du Dakota. Son frère et sa sœur vivaient à proximité en tant qu'Indiens visés par un traité sur la réserve Muscowequan. La sœur de son épouse et son mari étaient également des Indiens visés par un traité et vivaient à File Hills. Parce que Thomas Desjarlais et sa femme souhaitent envoyer leur fille aînée, Rosine, à l'école, ils la font adopter par la famille de sa tante maternelle, ce qui lui permet de fréquenter l'école de

Qu'Appelle. Là-bas, selon les traditions familiales, elle apprend à parler plusieurs langues autochtones au contact des autres élèves bien que, plus tard dans sa vie, elle minimisera ses origines autochtones et utilisera rarement ces langues[24].

Ces gouvernements provinciaux qui reconnaissaient leur obligation envers les enfants métis, commencent à acheter des places pour eux dans les pensionnats. En 1914, l'Alberta commence à envoyer des orphelins à l'école catholique romaine d'Onion Lake (Saskatchewan)[25]. En 1918, le sous-ministre de l'Éducation de la Saskatchewan écrit au ministère des Affaires indiennes pour demander s'il est possible de faire éduquer les enfants « blancs et métis » au pensionnat administré par les oblats à Lac la Plonge[26]. La position du Ministère est qu'il est possible qu'ils puissent y être admis en externat, mais qu'ils ne pourraient certainement pas être hébergés au pensionnat[27].

En 1921, le commissaire des Indiens W. A. Graham conclut : « nous en sommes aujourd'hui pratiquement à la même place qu'il y a sept ou huit ans, nos écoles étant envahies par les non inscrits. » Il demande à Ottawa : « Est-ce que les parents indiens non inscrits peuvent retirer leurs enfants des écoles et décider quand ils les ramèneront[28]? » À ce moment-là, on comptait 73 pensionnats canadiens en activité[29]. Le ministère des Affaires indiennes devait encore statuer sur des cas d'enfants qui semblaient être à la fois métis et indiens du fait des transitions parentales, unions et séparations, allées et venues au sein des réserves et tout autre facteur pouvant changer la situation familiale aux termes de la *Loi sur les Indiens*.

L'expérience d'Elder Mary Vitaline Flammand est un autre exemple des obstacles auxquels était confronté le peuple métis qui cherchait à faire admettre à l'école les enfants de leur communauté[30]. En 1922, son parrain et membre de la bande de Cowessess, Francis Delorme, la place au pensionnat de Grayson (Saskatchewan). Elle n'y reste pas longtemps : « Je n'ai pas fait deux semaines, ils m'ont jetée dehors[31]. » Son père, Alexander Flammand, tente alors de les faire admettre, elle et sa jeune sœur, dans une école publique près de Dubuc. Parce que sa famille vit sur la réserve routière et donc, ne paie pas de taxes scolaires, elle est retirée de l'école dès le premier jour. « Alors, on est revenu à la maison et on a dit à notre père «on ne peut pas aller à cette école, le gouvernement ne veut pas qu'on y aille.» Donc ensuite, il est revenu à la maison et il a dit à ma mère «oui, c'est vrai, les enfants ne peuvent pas aller à l'école là-bas parce qu'il faut qu'on paie des taxes.» Ça a été tout, je ne suis jamais retournée à l'école[32]. »

À partir du début des années 1920 jusque dans les années 1940, les parents métis font face à de nombreux obstacles s'ils veulent donner à leur enfant une éducation institutionnelle. Encore une fois, le gouvernement fédéral commence à refuser les élèves métis dans les pensionnats, tandis que les provinces, pour des raisons économiques, sont réticentes à assurer leur admission dans les écoles publiques. En septembre 1925, le ministère des Affaires indiennes donne l'ordre au directeur de l'école de Beauval (Saskatchewan) de renvoyer les 45 Métis de l'école. Selon l'agent des Indiens local, M. Taylor, l'école « peut facilement être remplie » par des Indiens inscrits « des bandes de Canoe Lake, Clear Lake, Portage la Loche et English River »[33]. Le directeur Lajeunesse répond que si Taylor connaissait mieux le peuple « Chipewyan du nord », il ne dirait pas que l'école peut facilement être remplie par leurs enfants. « Nous avons essayé par tous les moyens (sauf la force) d'avoir leurs enfants. La très petite minorité qui a consenti à nous les confier, nous les a retirés après un an ou deux. » Il souligne également que l'école n'a jamais tenté de cacher que la majorité de leurs élèves sont des Métis. De plus, dit-il, seulement 5 des 45 élèves ont leurs père et mère vivants. « Vous pouvez imaginer la difficulté qu'on aura à trouver une place pour ces enfants nécessiteux[34]. » Le gouvernement a suspendu sa demande de retrait immédiat des enfants métis, mais comptait bien voir la majorité des élèves renvoyés avant la fin de juin 1926[35]. Deux ans plus tard, en décembre 1928, le secrétaire du ministère des Affaires indiennes, J. D. McLean, écrit au directeur de Beauval pour lui demander le retrait des huit enfants métis inscrits dans le registre de l'école[36]. L'école justifie leur présence en faisant référence à un mémorandum du surintendant adjoint des Affaires indiennes, Duncan Campbell Scott, daté du 19 novembre 1922 et qui dit : « Il existe un règlement ministériel selon lequel les enfants métis qui adoptent le mode de vie des Indiens sur une réserve peuvent être admis au pensionnat[37]. »

En 1927, le gouvernement fédéral donne au pensionnat oblat de Brocket (Alberta) l'autorisation d'admettre les filles métisses, à la condition que la bande les accepte comme membres après l'obtention de leur diplôme. Sept ans plus tard, lorsque le directeur réitère la demande, on l'avise qu'« absolument aucun enfant métis ne peut être admis dans nos écoles »[38].

En février 1928, trois enfants métis sont admis à l'école anglicane d'Onion Lake après le décès de leur mère. Ces admissions se font sans l'autorisation du Ministère. En décembre 1929, le commissaire Graham rapporte que l'agent des Indiens tente toujours de faire retirer les enfants de l'école, et qu'ils soient sous la garde de leur père ou de la division des enfants négligés et à la charge de la province[39]. Graham écrit qu'il a été « très difficile de garder les Métis hors de nos écoles; si on se met à faire des exceptions et à en admettre quelques-uns, on aura de gros ennuis »[40]. L'année suivante, six enfants métis étaient admis dans les deux pensionnats d'Onion Lake. Graham a conclu que plutôt que de retirer les enfants, les oblats de la province prévoyaient les laisser là tant que le ministère des Affaires indiennes leur permettrait de rester[41].

Alors que, dans les années 1930, la nation entre dans une dépression économique, Duncan Campbell Scott envoie l'ordre que les enfants qui présentent une situation douteuse quant à leur « indianité » soient retirés des écoles « sans délai », insistant sur les coûts qu'implique le maintien de ces enfants dans l'école et rappelant à toutes les parties concernées que « le ministère des Affaires indiennes ne dirige pas des établissements de bienfaisance. Il y a des résidences provinciales pour des cas comme ceux-là et les directeurs de nos écoles ne doivent pas admettre des enfants par sympathie[42]. »

Persuader les gouvernements provinciaux d'assumer la responsabilité des enfants métis s'avérait une tâche quasi impossible. En 1935, l'évêque catholique de Grouard rappelle au ministre des Travaux publics de l'Alberta que, pendant plusieurs années, les écoles catholiques ont pris en charge « un bon nombre d'enfants (blancs et métis) qui, en réalité, étaient ou auraient dû être les pupilles de l'État. » Au moment où il lui écrit, il affirme que l'Église a à sa charge au moins 100 de ces enfants. Arguant que le gouvernement provincial venait récemment d'accorder une subvention à *Wood's Homes, à* Calgary, il suggère qu'une subvention similaire soit accordée à l'Église catholique[43].

En 1936, D. Robinson de Koostatak (Manitoba) écrit au ministre des Affaires indiennes, T. A. Crerar, demandant l'autorisation de faire admettre ses quatre enfants au pensionnat de Brandon. Robinson écrit : Ma mère était « membre des Premières Nations de St. Peters, mon père était un Indien non inscrit et j'ai été adopté par John B. Stevenson, un Indien visé par un traité de la bande de St. Peters, et ma femme est une Indienne inscrite en tant que membre de la bande de Peguis. »

Parce qu'il n'était pas un Indien aux termes de la *Loi sur les Indiens*, ses enfants n'ont pas été admis à l'école. Mais, il écrit : « je ne suis pas capable de fournir suffisamment de nourriture et de vêtements à mes enfants à cause d'un manque de travail ou n'importe quoi qui me permettrait d'obtenir ce qui nous est nécessaire. » Le directeur de l'école de Brandon l'avait informé qu'il y avait de la place pour ses enfants à l'école[44]. Son appel a été rejeté parce qu'il n'était pas « un Indien visé par les traités »[45].

L'absence de possibilités d'éducation pour les enfants métis dans les Prairies amène le dirigeant politique Malcolm Norris à dire :

> J'ai toujours compris que c'était illégal de ne pas envoyer les enfants à l'école, et des inspecteurs sont en poste exactement pour cette raison, mais malheureusement notre peuple a été victime de discrimination, à un tel point que, même si les membres de notre communauté sont appelés à payer des taxes, aucune mesure n'a été prise par les autorités pour veiller à ce que leurs enfants soient envoyés à l'école; apparemment, le Sang-Mêlé ne vaut pas la peine qu'on s'en préoccupe[46].

C'est ce genre de frustration qui a mené, dans les années 1930, à la création de l'Association des Métis d'Alberta et des Territoires du Nord-Ouest (« Metis Brotherhood of Alberta »), sous la direction de Joseph Dion (un enseignant de Kehiwin), James Brady, Felix Callihoo et Peter C. Tomkins, pour représenter les « Indiens non inscrits et les Métis »[47]. En réponse au lobbying de l'Association, le gouvernement de l'Alberta crée une commission d'enquête parlementaire en 1934, pour étudier les conditions de vie des Métis de la province[48]. James Brady fait la première présentation devant la commission, demandant l'établissement de colonies métisses autogérées. L'éducation, dit-il, devrait être fournie par des conseils scolaires métis sur une base non confessionnelle. Sa crainte était que le gouvernement veuille établir des colonies et des écoles administrées par l'État, privant les Métis du contrôle de ces aspects fondamentaux de leurs vies[49]. L'évêque Breynat défie l'opposition du Métis à l'éducation confessionnelle en disant aux commissaires « vous ne pouvez de toute façon suivre ses conseils, c'est le genre d'homme qui ne sait pas – c'est un très pauvre homme »[50].

Le rapport de la commission de 1936 fait état d'un grand nombre de personnes qui sont « d'avis qu'il serait avantageux d'admettre un enfant métis au sein d'un grand pensionnat et de lui montrer le confort et les commodités de la vie moderne. L'argument était qu'une fois de retour à son ancienne vie, il aurait le désir de reproduire, aussi fidèlement que les circonstances le lui permettraient, la qualité de vie connue durant son séjour à l'école. » D'autres présentateurs devant la commission sont plutôt d'avis que, dans de telles circonstances, l'élève sera moins en mesure d'atteindre un tel niveau de vie au sein d'une communauté métisse. D'une manière ou d'une autre, il est évident que là où il n'y avait pas d'arrangement avec les blancs, un grand nombre d'enfants grandissaient sans formation scolaire[51]. Certaines preuves déposées devant la commission suggéraient que « 80 p. cent des enfants métis de la province de l'Alberta ne recevaient absolument aucune éducation »[52]. La commission recommande l'établissement de colonies agricoles métisses sous la supervision des fonctionnaires de l'État. Dans les écoles de ces colonies, les enfants apprendraient « la lecture, l'écriture et l'arithmétique de base. De plus, on devrait y enseigner l'élevage de bovins et l'agriculture aux garçons, et aux filles, les éléments d'hygiène, la propreté, la couture et le tricot »[53]. Le rapport mène à l'adoption de la *Metis Population Betterment Act*, en 1938. En vertu de cette loi, une terre provinciale est réservée pour les établissements métis[54]. Comme le craignait le chef métis James Brady on confie à l'Alberta Bureau of Relief la responsabilité des services dans les établissements, y compris l'éducation. Des fonctionnaires désignés par le gouvernement sont chargés de l'administration des établissements[55]. Même si le texte de loi initial reconnaît la valeur des « conférences et négociations entre » le gouvernement provincial et les Métis, ces termes sont rayés de la loi en 1940[56].

En 1937, le ministère des Affaires indiennes renverse officiellement la politique de 1899 de Sifton permettant l'admission des élèves métis dans les pensionnats. Ainsi, le secrétaire d'État T. R. L. MacInnes écrit que l'ancienne politique a été adoptée « à une période où les gouvernements provinciaux et le gouvernement des Territoires du Nord-Ouest n'étaient pas en mesure de fournir des services pédagogiques aux enfants de certains résidents métis dans les zones en périphérie des terres fédérales ». Toutefois, souligne-t-il, « il n'y a jamais eu, pas plus qu'il y en a maintenant, d'obligation statutaire de la part du gouvernement fédéral de fournir des services pédagogiques aux enfants métis. » La position du gouvernement fédéral était que les gouvernements provinciaux – aucune mention n'était faite des gouvernements territoriaux – étaient « maintenant en mesure de prendre en charge l'éducation et le bien-être de ces enfants »[57]. Les subventions par personne ne seraient accordées que « pour les enfants dont le père serait de descendance indienne ». Les enfants admis dans les pensionnats avant le 1er septembre 1937 ont été exemptés de cette règle[58].

De 1889 à 1937, l'application de la politique du gouvernement fédéral concernant l'admission des élèves non indiens dans les pensionnats est loin d'être cohérente. Au cours de cette période, il y a deux établissements en activité – l'école de l'Île-à-la-Crosse dans le nord de la Saskatchewan et la résidence St. Paul's à Dawson City, au Yukon – lesquels démontrent bien ce manque de cohérence. Les deux établissements ont reçu des subventions fédérales à différents moments de leur histoire, même si la plupart de leurs élèves étaient d'ascendance mixte.

Deux enfants métis et un enfant inuit dans un pensionnat anglican, dans le Nord canadien.

Dans son rapport de 1879 adressé au gouvernement fédéral, intitulé *Report on Industrial Schools for Indians and Half-Breeds*, Nicholas Flood Davin propose un rôle central des personnes d'ascendance mixte dans le fonctionnement des pensionnats et dans l'assimilation en général, concluant que les Métis pourraient servir « de médiateurs naturels entre le gouvernement et les Peaux-Rouges ainsi qu'être leurs éducateurs naturels ».

Saskatchewan Archives Board, R-A6665.

Louis Riel, le Métis qui a fondé le Manitoba et été chef de la Rébellion du Nord-Ouest en 1885, a enseigné dans un pensionnat pour garçons métis dans l'État du Montana, dans les années 1880. Sa sœur, Sara Riel, a travaillé à l'école de l'Île-à-la-Crosse, en Saskatchewan.

Musée Glenbow, NA-504-3.

Des filles à l'école de l'Île-à-la-Crosse, en Saskatchewan, au début du XXᵉ siècle.

Musée Glenbow, Thomas Waterworth, PD-353-22.

L'école de Saint-Paul-des-Métis, en Alberta, a été construite sur le terrain d'une colonie pour les Métis établie par l'ordre des Oblats, en 1896, sur le territoire qui couvre maintenant l'Alberta. L'école a été détruite en 1905 par un incendie allumé par des élèves.
Archives Deschâtelets, collection des Oblats de Marie Immaculée.

En 1900, seulement quatorze des trente-quatre élèves de l'école anglicane d'Onion Lake étaient des Indiens inscrits. Une bonne partie des vingt autres élèves étaient sans doute des Métis.
Archives du Synode général de l'Église anglicane du Canada / P7538-339.

L'équipe de football de l'école industrielle indienne de Calgary, en 1905. James Gladstone est au centre de la rangée du milieu.
Musée Glenbow, NA-3-1

THE BOYS and Mᴿ JOBLIN I.I.S. Red Deer

En 1909, 17 des 45 élèves de l'école de Red Deer, en Alberta, étaient Métis.
Archives de l'Église Unie du Canada, 93 049P849N.

En 1914, on constate que l'école de Qu'Appelle compte 36 élèves métis, même après en avoir renvoyé 15 au cours de l'année précédente. Le ministère des Affaires indiennes menace d'annuler les subventions si les enfants ne sont pas remplacés par des élèves inscrits aux termes de la Loi sur les Indiens avant l'année suivante.
Bibliothèque et Archives Canada, ministère des Mines et des Relevés techniques, PA-023092.

L'évêque Isaac Stringer et des élèves métis à une auberge jeunesse de Dawson City.
Archives du Yukon, 82-332, no 28.

Sœur McQuillan et des élèves du pensionnat de Fort Resolution, dans les Territoires du Nord-Ouest, en 1923. En 1922, l'évêque catholique romain Gabriel Breynat prend des dispositions auprès du gouvernement fédéral pour que ce dernier paye l'inscription de huit élèves métis à l'école.

Photographe : Henry Jones. Archives de la Compagnie de la Baie d'Hudson, Archives du Manitoba, 1987, 363-I-47.1/1 (N60-2).

Des élèves métis à la résidence anglicane de Whitehorse, dans le Yukon. En 1955, 31 élèves vivaient à la résidence.

Archives du synode général de l'Église anglicane du Canada, P7561-219.

L'école de Sturgeon Lake était l'un des pensionnats de l'Alberta ayant le taux le plus élevé d'élèves métis.

Archives Deschâtelets, collection des Oblats de Marie Immaculée; Archives provinciales de l'Alberta, J. L. Irwin, A6978.

Rita Evans est allée à l'école de Grouard durant quatre ans. L'instruction religieuse et des corvées, très peu de temps consacré à l'enseignement en classe, c'est ce qui vient au premier plan dans ses souvenirs de l'école.

Archives Deschâtelets, collection des Oblats de Marie Immaculée.

Un grand nombre d'élèves métis étaient inscrits à l'école Joussard, en Alberta, dans les années 1950.

Archives Deschâtelets, collection des Oblats de Marie Immaculée.

En 1951, R. S. Davis, le directeur régional des agences indiennes au Manitoba, recommande au directeur de l'école de Sandy Bay, au Manitoba, de renvoyer trois métis de l'école.

Société historique de Saint-Boniface, Missionnaires oblats de Marie Immaculée, Fonds de la province du Manitoba, SHSB 22623.

CHAPITRE 4

L'Île-à-la-Crosse

L'Île-à-la-Crosse est l'emplacement de l'une des plus vieilles missions catholiques de l'Ouest canadien. L'histoire du pensionnat de la mission est longue et complexe. En 1776, une société de commerce montréalaise ouvre un poste à l'Île-à-la-Crosse, en Saskatchewan[1]. La Compagnie de la Baie d'Hudson (HBC) y ouvre également un poste en 1799[2]. Quand la HBC et la Compagnie du Nord-Ouest (NWC) fusionnent en 1821, l'Île-à-la-Crosse devient le siège des activités de la brigade du district d'English River de la HBC. En 1845, un missionnaire catholique visite la communauté[3]. L'année suivante, l'évêque Provencher envoie deux oblats, Alexandre-Antonin Taché et LouisFrançois Laflèche, à l'Île-à-la-Crosse pour qu'ils y établissent une mission permanente[4]. Ils bâtissent la mission SaintJean-Baptiste sur le site abandonné du poste de la NWC[5].

En 1847, ils exploitent un externat pour les enfants du fort[6]. Les oblats sont déçus du taux irrégulier de fréquentation et demandent l'aide des Sœurs de la Charité pour ouvrir un pensionnat[7]. En 1860, trois sœurs de la Charité arrivent à l'Île-à-la-Crosse et prennent possession du Couvent Saint-Bruno nouvellement construit[8]. Selon les fonctionnaires oblats la majorité d'étudiants à l'école étaient Métis.

Le matin, on enseignait aux garçons et aux filles le français parlé et écrit et les bases de l'arithmétique. Les élèves assistaient également à des classes de catéchisme[9]. Les cours, qui se donnaient dans une salle commune, étaient précédés et suivis de travaux quotidiens. On préparait les filles à devenir des femmes au foyer et elles travaillaient quotidiennement à la cuisine de l'école[10]. Les garçons ne dormaient pas dans le dortoir du couvent, mais à la maison des oblats, sous la supervision d'un frère laïc[11]. À 5 h 30 le matin, le frère les escortait jusqu'au couvent où ils travaillaient, mangeaient et assistaient aux cours. Ils passaient les après-midis à faire des travaux agricoles[12].

Selon les rapports de 1861 à 1863, les élèves faisaient peu de progrès en français parlé, lu et écrit, qui était la langue d'enseignement à l'école[13]. Les enfants préféraient parler le cri entre eux. Les missionnaires étaient d'avis que le contact des enfants avec leur famille d'origine crie et chipewyan contribuait à conserver l'usage de leur langue. Par conséquent, en 1861, ils menacèrent de réduire le nombre de visites entre les familles et les élèves. Cette restriction n'a toutefois pas été mise en application[14].

L'école est assaillie par des problèmes de santé et une pénurie de vivres. En 1865, un élève meurt d'une pleurésie (l'inflammation de la membrane qui entoure les poumons). Au printemps de 1866, la pêcherie tombe complètement, l'école ferme et les enfants qui ont des parents dans les environs sont renvoyés à la maison pour une période de deux mois[15]. En 1867, le dortoir des garçons est détruit dans un incendie[16]. On en bâtira un nouveau en 1874[17].

En 1875, les oblats réussissent à obtenir une subvention du gouvernement fédéral[18]. Toutefois, la période de financement est de courte durée. Le gouvernement coupe les vivres[19]. La raison invoquée est que l'Île-à-la-Crosse se trouve à l'extérieur des limites du Traité 6[20]. Dans les années suivantes, il y a très peu ou aucun financement[21].

Les parents de l'Île-à-la-Crosse continuent de s'opposer au mauvais traitement que subissent leurs enfants à l'école. Les décès d'enfants, comme celui d'un enfant de quatre ans en 1875, amènent certaines familles locales à accuser les oblats et les Sœurs de la Charité, soit de faire preuve de négligence, soit d'imposer une discipline trop sévère à leurs enfants[22]. Dans une lettre à son frère Louis, Sara Riel se plaint du manque de gratitude de la part des parents, disant « Ici dans le Nord, notre peuple, les Métis, n'apprécie pas les bienfaits de notre éducation [...] nous sommes obligées de lutter contre l'indifférence et les caprices des enfants, de même que contre les faiblesses de leurs parents ». Par exemple, elle n'arrive pas à convaincre les parents que des leçons d'anglais sont bénéfiques pour les élèves. Devant les constantes protestations, les cours sont abandonnés en 1876[23]. La maladie est également omniprésente; Sara Riel, elle-même, est morte d'une tuberculose en 1883[24]. Cette année-là, seulement 27 élèves étaient inscrits aux cours et, en moyenne, 23 y assistaient quotidiennement[25]. Après la Rébellion du Nord-Ouest de 1885, l'école a eu seulement six résidants : tous les orphelins.

Au début du XXe siècle, l'école est déménagée à Lac la Plonge[26]. En 1917, les Sœurs de la Charité retournent à l'Île-à-la-Crosse, où on a construit sur un terrain plus élevé un nouveau couvent, l'école de la Sainte-Famille. Le dortoir héberge quatre pensionnaires et 22 élèves fréquentent l'externat[27]. L'école continue d'être en proie au désastre. Un incendie détruit le couvent le 1er avril 1920. Le bâtiment qui le remplace, terminé en octobre 1921, brûle en 1925[28]. Trois garçons et une des sœurs enseignantes se noient dans un accident de bateau en septembre 1923[29].

Thérèse Arcand a fréquenté l'école dans les années 1920. Elle raconte que les journées commençaient entre 5 h 30 et 6 h. « On devait transporter nous-mêmes notre eau. On se lavait et on faisait notre lit avant de descendre et dire nos prières du matin[30]. » C'était suivi d'un déjeuner de bouillie de gruau faite par les élèves. Les filles étaient affectées à la corvée de vaisselle. Les autres enfants avaient aussi leurs corvées : il y avait le lait à séparer, les vêtements à repriser et le jardin à cultiver. « On ne jouait pas le matin. C'était une période de travail[31]. »

Les cours commençaient à 9 h. « Nous n'avions pas de cahiers à cette époque, dit-elle, on avait des ardoises. On se servait d'un petit linge pour les essuyer. » Les cours du matin étaient donnés en français et ça comprenait la grammaire, l'orthographe, la lecture et l'arithmétique. Avant le souper, les élèves étudiaient l'histoire de la Bible. Les repas du midi se prenaient à la course : « on mangeait toujours rapidement – je ne crois pas que je me donnais la peine de mâcher mes aliments – [parce que] c'était une période de jeu. C'était une grande pénitence si une de nous devait faire la vaisselle. Les jeux se faisaient dehors[32]. » L'après-midi, les cours se donnaient en anglais et ça comprenait la géographie, l'histoire et la lecture, l'orthographe et la grammaire en langue anglaise. À 15 h 30, avant que les élèves quittent la classe, on les faisait chanter pendant 15 minutes. Ensuite, ils avaient droit à une demi-heure de jeu à l'extérieur. De 16 h 30 à 17 h, il y avait la couture, suivie des prières. Puis, les enfants soupaient, faisaient une dernière ronde de corvées et on les envoyait se préparer pour aller au lit à 19 h 30. Les lumières se fermaient à 20 h[33].

En 1929, le nombre de pensionnaires passe à 42 et le gouvernement provincial accorde des subventions pour les élèves métis qui fréquentent l'externat[34]. L'école doit fermer à plusieurs reprises avant sa réouverture en 1935[35].

Après l'élection de 1944 en Saskatchewan, le nouveau gouvernement élu que forme la Fédération du Commonwealth coopératif commande un rapport sur la situation de l'éducation dans le nord de la Saskatchewan. À ce moment, moins de la moitié des enfants d'âge scolaire de la région fréquente l'école. Il n'y a que deux écoles publiques dans toute la région, le reste étant un mélange d'écoles soumises à aucune réglementation et dirigées par les Églises. Le rapport du gouvernement recommande l'ouverture de plus d'externats et de deux grands pensionnats, un dans la partie est de la province et un dans la partie ouest, qui seraient exploités sans la participation de l'Église. L'école du côté ouest de la province serait située à l'Île-à-la-Crosse. Mais aucun pensionnat d'administration provinciale n'a vu le jour, en grande partie à cause d'un manque d'appui du côté du gouvernement fédéral et d'une opposition de la part de l'Église catholique. Bloqué par un manque de soutien fédéral, le gouvernement de la Saskatchewan a consenti à louer des salles de classe dans les écoles de mission, à payer le salaire des enseignants de la mission et à contribuer aux frais de pension des élèves[36].

Un grand bâtiment ouvre ses portes en 1946. En 1947, on compte 168 élèves inscrits, répartis dans cinq salles de classe; 124 d'entre eux sont des pensionnaires[37]. En 1959, une autre nouvelle école est érigée pour accueillir 231 élèves, dont 113 pensionnaires. En 1964, le pensionnat des garçons est détruit par les flammes[38]. Au moment de l'incendie, 331 élèves fréquentaient l'école; environ 100 y étaient hébergés[39]. En 1972, l'école est à nouveau la proie des flammes. Douze salles de classe sont complètement détruites. Au même moment, des parents de la localité demandent un meilleur contrôle sur l'enseignement au sein de la communauté. En conséquence, le pensionnat de l'Île-à-la-Crosse ferme ses portes et est remplacé par les écoles élémentaires et secondaires Rossignol, administrées localement[40]. L'architecte métis Douglas Cardinal a été mandaté pour concevoir l'architecture de l'école élémentaire[41].

CHAPITRE 5

L'éducation dans les pensionnats métis du Nord

Les résidences du Yukon

B on nombre des premières écoles de la mission catholique ont été établies pour fournir des services pédagogiques aux enfants des employés européens du commerce des fourrures et de leur épouse autochtone. Après la signature des Traités du Nord, les membres du clergé catholique pressent les personnes d'ascendance mixte à souscrire au traité, en grande partie pour s'assurer que leurs enfants soient acceptés dans les pensionnats. Après la création des provinces de l'Alberta et de la Saskatchewan en 1905, les Territoires du Nord-Ouest et du Yukon sont de véritables territoires du nord – larges en superficie, mais relativement peu peuplés. Durant la première moitié du XXᵉ siècle, aucun des territoires ne dispose d'un bon système d'écoles publiques. Pendant la majeure partie de cette période, les Églises exploitent les seules écoles dans les Territoires du Nord-Ouest (T.N.-O.)[1]. Au Yukon, la présence du gouvernement dans la région diminue chaque décennie. Au début des années 1930, un seul homme, George Jeckell, agissait en tant que contrôleur financier, vérificateur de l'impôt, registraire des titres de bien-fonds, agent des travaux publics – et maire de Dawson City. Là, comme dans les T.N.-O., la seule éducation qui était possible était fournie par les Églises[2].

À la fin du XIXᵉ siècle, l'Église anglicane fait une première tentative pour instituer des pensionnats destinés aux enfants autochtones au Yukon, quand l'évêque William Bompas commence à prendre des enfants en pension à la mission de Forty Mile. En 1894, il a six élèves, dont quatre d'ascendance mixte et deux des Premières Nations. Monseigneur Bompas avait du mal à obtenir du financement pour l'école qu'il réclamait de la Société missionnaire de l'Église, laquelle s'opposait à son désir de se consacrer à l'éducation des enfants d'ascendance mixte. Il croyait que ces enfants, s'ils étaient éduqués, pourraient devenir les meilleurs défenseurs de l'Église, mais qu'autrement ils suivraient les pratiques culturelles de leur mère, qui souvent était femme de Première Nation[3]. En 1903, Monseigneur Bompas transfère l'école à la nouvelle mission, à Carcross, qui plus tard devient l'école Chooutla. Lorsque l'établissement commence à recevoir une subvention du gouvernement fédéral en tant que pensionnat, une exception est imposée, celle de ne pas accepter les élèves métis. Le successeur de l'évêque Bompas, Isaac Stringer, tente d'obtenir une résidence distincte pour les familles métisses, où les élèves partageraient l'équipement scolaire de l'école de Carcross. Le plan a été abandonné faute d'appui du gouvernement fédéral[4].

En 1919, W. W. Williams, de l'Église anglicane, recommande l'ouverture d'une résidence à Dawson City pour accueillir les enfants indiens non inscrits. Citant le cas d'une famille dont les enfants ont perdu leur mère et qui ont besoin de plus de soins que leur père peut en fournir, le père Williams demande l'établissement d'une résidence pour héberger les élèves qui fréquenteraient les écoles locales. Il est convaincu qu'on « saura trouver au sein de l'Église une femme bienveillante et maternelle pour prendre soin des enfants ». Le père Williams écrit à son évêque : « À moins que l'Église ne prenne les mesures qui s'imposent, rien n'empêchera de tels enfants de se tourner vers l'Église catholique, et l'Église catholique de tirer le meilleur parti de la situation[5]. »

L'Anglican Forward Movement, un fonds missionnaire anglican, finance l'achat d'une maison à Dawson City qui devait servir de résidence aux élèves provenant de familles métisses des communautés éloignées. Mme E. J. Naftel, qui avait travaillé à l'école de Carcross, a été nommée surintendante. La résidence ouvre en 1920 sous le nom de « St. Paul's »[6]. En 1922, une extension en bois rond y est ajoutée, permettant d'héberger 19 enfants. Cette même année, Stringer réclame une subvention de 4 000 $ du gouvernement fédéral. Il termine sa lettre de demande en rappelant que « grâce à cet établissement, on donnera à de nombreux enfants la chance de devenir de bons citoyens utiles, plutôt qu'une menace pour notre pays[7]. »

En 1922, le gouvernement fédéral accepte de verser une subvention pour la résidence. Malgré le fait qu'il fournisse le financement, le ministère des Affaires indiennes indique clairement qu'il n'assume aucune responsabilité à l'égard de la résidence, « d'après les mêmes règles applicables aux pensionnats indiens » et qu'il « agit simplement en tant qu'agent du ministère de l'Intérieur »[8]. Toutefois, un document du Conseil privé daté de 1923 décrit l'école comme un établissement exploité « au bénéfice des enfants métis orphelins et miséreux, et comme faisant partie du système d'éducation du ministère des Affaires indiennes »[9]. À l'été de 1923, les anglicans font l'acquisition d'un bâtiment, sur le site d'un ancien hôpital Good Samaritan, pour en faire un dortoir[10]. Deux ans après sa fondation, la résidence connaît un changement de personnel complet. L'ancien directeur de l'école de Carcross, C. F. Johnson, et son épouse sont nommés à la direction de la résidence[11].

En 1924, une épidémie de rougeole force la résidence à se mettre en quarantaine. Certains résidents de Dawson City tiennent l'évêque Stringer responsable de l'épidémie, lequel, croient-ils, a amené la rougeole dans la communauté en recrutant des enfants infectés. On tente de bannir des écoles publiques les élèves de la résidence, mais cela ne se concrétise pas[12]. Pendant les trois mois que dure la quarantaine, l'épouse du directeur enseigne aux enfants[13].

Le directeur Johnson cherchait à exercer un contrôle sur le comportement des élèves en dehors des classes. Au printemps de 1927, il est alarmé par le nombre d'heures que passe une jeune femme du pensionnat, laquelle travaille également pour une famille dans la communauté, en compagnie d'un homme de la localité. Johnson fait comparaître l'homme devant le major Allard du poste de police local et il sermonne la fille, après quoi, son père la retire de la résidence. L'année suivante, elle revient à la résidence et reprend son travail dans une maison privée[14]. Les enfants plus âgés, qui avaient parfois près de 18 ans, avaient souvent des réticences à l'égard de l'éducation. Johnson sympathisait avec l'une d'elles, en disant : « c'est une femme adulte qui pèse environ 160 livres et qui se voit obligée de s'associer à des enfants du primaire[15]. »

En 1939, la résidence de Dawson, qui est dirigée par une certaine Mme McLain, exige des parents qu'ils signent une entente selon laquelle ils s'engagent à ne pas retirer leurs enfants de la résidence jusqu'à l'âge adulte. Selon la direction, la résidence se devait d'adopter cette politique parce que, dans le passé, des parents avaient retiré leurs enfants et, « en conséquence, tous les soins apportés à l'enfant avaient été rendus sans valeur par les soins subséquents donnés aux enfants par les parents eux-mêmes »[16].

Le financement par élève qui avait été établi pour la résidence en 1923 était de 250 $. Pendant 20 ans ce montant n'a pas changé. Toutefois, en 1943, l'agent d'éducation du ministère des Affaires indiennes R. A. Hoey recommande que le paiement soit transféré du ministère des Affaires indiennes à « la division responsable de l'éducation et du bien-être de la population du Yukon autre que les Indiens »[17]. La position du Ministère était que s'il continuait à financer la résidence, il serait dans l'obligation de financer les élèves métis hébergés dans les pensionnats. Le ministère des Mines et des Ressources — qui avait hérité de la responsabilité des questions du Nord du ministère de l'Intérieur — voulait que le gouvernement territorial du Yukon assume la responsabilité de la résidence[18]. Bien que le Conseil du Yukon ait initialement rejeté l'idée de financer un établissement dirigé par l'Église, il a fini par consentir à prendre à sa charge la subvention pour 22 « enfants nécessiteux métis et blancs » de l'école, tout en mentionnant que cette démarche ne devait pas être considérée comme un précédent[19].

Les résidents étaient mis à contribution. Selon un rapport de 1949, les filles étaient initiées au repassage « à l'âge de 8 ans, en commençant par les mouchoirs, puis les taies d'oreiller et les tabliers, et à l'âge de 15 ans, elles pouvaient repasser très bien les chemises d'apparat des garçons et les robes d'école. Chaque enfant devait repasser de dix à douze articles par semaine ». Les garçons « travaillaient dans la cour à bois à fendre et à empiler les bûches et à pelleter la neige ». L'été, les enfants allaient également au camp paroissial[20].

En 1952, selon le directeur, une des principales tâches à l'école est de s'assurer que la chaudière est constamment alimentée pendant l'hiver. L'homme à tout faire reste debout toute la nuit, le directeur et le cuisinier, avec l'aide de quelques garçons, alimentent le feu durant la journée. Le directeur et l'homme à tout faire s'occupent du jardin; la majorité des garçons sont trop petits et le « travail est au-dessus de leur force et de leurs aptitudes ». La viande de caribou et le saumon que les élèves mangent proviennent en grande partie du peuple autochtone des environs[21].

Au cours des années 1930, le taux de fréquentation varie entre 17 et 30 élèves, mais dans les années 1940, il se maintient entre 28 et 43[22]. En 1950, deux tendances sont à l'origine de la baisse du nombre d'admissions. On avait ouvert une école publique à Old Crow, de sorte que les enfants de cette communauté n'avaient plus à être hébergés à la résidence de Dawson. Au même moment, le gouvernement du Yukon commençait à admettre les élèves métis et blancs dans les pensionnats fédéraux. En conséquence, l'école de St. Paul's était en déficit[23]. La résidence a poursuivi ses activités jusqu'à l'automne 1953, moment où les quelques derniers élèves ont été déplacés dans un bâtiment administré par l'Église à Carcross pour qu'ils puissent fréquenter l'école publique locale[24]. Tout au long de l'existence de la résidence, la majorité des enfants hébergés étaient d'ascendance mixte. En 1952, le directeur écrit à propos des élèves de la résidence : « tous sont en partie Indiens »[25].

Au début des années 1950, l'Église anglicane ouvre la résidence St. Agnes à Whitehorse pour les élèves non autochtones et ceux d'ascendance mixte[26]. Initialement située dans une baraque de l'armée, la résidence est rénovée en 1953. Le bâtiment peut héberger environ 30 enfants dans des « compartiments de 4 à 6 lits »[27]. En 1955, 31 élèves vivaient à la résidence[28]. La résidence héberge également des enfants des Premières Nations qui fréquentent l'école secondaire à Whitehorse[29]. Clara Tizya, une femme autochtone qui avait œuvré à l'école de Carcross pendant treize ans, vient travailler à la résidence du Yukon en 1961 et est nommée surveillante à St. Agnes en 1965[30]. La résidence ferme en 1966[31].

L'éducation dans les pensionnats métis des Territoires du Nord-Ouest

Tandis que les anglicans représentant la force dominante sur le plan des pensionnats au Yukon, l'Église catholique romaine dispose d'une nette avance dans les Territoires du Nord-Ouest. Au début des années 1920, alors que l'évêque Stringer tente d'obtenir une subvention pour une résidence à Dawson City, Gabriel Breynat, l'évêque catholique de Mackenzie, cherche des appuis pour l'éducation des enfants non inscrits dans les communautés de Fort Providence et de Fort Resolution. Bon nombre de parents de ces enfants, dit-il, « vivent comme des Indiens et devraient être inclus dans le Traité ». La seule subvention que l'Église a reçue pour ces enfants était de 400 $ par année pour un externat. De telles écoles, écrit-il, « se sont avérées un échec dans le Nord, puisqu'un grand nombre de ces Métis passent plusieurs mois par année dans le bois à chasser pour gagner leur vie, donc, pour leur donner une éducation, ces enfants doivent rester pensionnaires »[32].

Le ministère des Affaires indiennes n'était pas prêt à financer l'éducation des enfants autochtones non inscrits dans les Territoires du Nord-Ouest. En 1921, le commentaire de Duncan Campbell Scott sur la question était définitif : « Nous ne recevons aucun financement pour l'éducation des enfants métis[33]. » La Division des Territoires du Nord-Ouest, l'organisme fédéral responsable des territoires, est tout aussi indifférente. Le directeur principal de la Division, O. S. Finnie, recommande de ne pas acquiescer à la demande de Breynat, disant que la majorité des Métis ont eu le choix d'adhérer au Traité ou d'accepter le certificat. Il est d'avis que le gouvernement n'est pas tenu de payer pour l'éducation de ceux qui ont choisi le certificat, dont un grand nombre, écrit-il, « reçoivent des revenus substantiels de leur travail et de leur trappage et peuvent très bien payer pour l'éducation de leurs enfants. Si le Ministère subventionne une école sectorielle, il pourrait avoir à subventionner les autres »[34].

Les enfants inuits et métis qui avaient été admis dans les pensionnats des Territoires du Nord-Ouest n'ont pas bénéficié des mêmes avantages que les autres élèves. Par exemple, en 1913, on ne leur a pas donné les mêmes fournitures qu'avaient reçues les élèves des Premières Nations qui quittaient les écoles : une carabine, des munitions, des pièges et de la ficelle pour les garçons; une trousse de couture pour les filles[35].

En 1922, l'évêque Breynat réussit à faire désigner huit enfants métis comme élèves nécessiteux et à les envoyer à Fort Resolution. Il demande au gouvernement territorial de payer 165 $ par élève (le même montant que pour les enfants indiens). La politique en vigueur était de payer 145 $ pour les enfants âgés de 7 à 15 ans. Pour les enfants plus jeunes, le gouvernement payait 80 $ par année. On en est venu à inclure dans la politique de ne pas admettre les élèves métis à moins qu'ils soient dans la misère[36]. Cependant, trois ans plus tard, le gouvernement fédéral a consenti à une subvention pour les « métis qui vivaient selon le mode de vie des Indiens dans des communautés indiennes »[37].

En 1929, l'évêque Breynat écrit à Finnie, lui disant qu'il est « devenu pratiquement impossible » de soutenir un enfant avec « 145 $ par année pour les Métis nécessiteux » et réclame que le montant soit augmenté à 180 $, « le montant alloué pour les Indiens »[38]. La subvention est augmentée selon la demande de l'évêque Breynat[39]. En 1933, les trois écoles catholiques (Fort Resolution, Fort Providence et Aklavik) et deux écoles anglicanes (Hay River et Shingle Point) hébergent 37 filles et 40 garçons désignés « enfants nécessiteux », en plus des enfants des Premières Nations. De ces

77 enfants, 54 fréquentent les écoles d'Aklavik et de Shingle Point. On décide cette année-là que les filles seraient maintenues dans les écoles jusqu'à ce qu'elles aient 18 ans. Jusqu'à ce jour, on les retirait à l'âge de 16 ans[40].

Le gouvernement fédéral s'inquiète du nombre d'enfants nécessiteux qu'il finance, et exige des rapports annuels sur la capacité des familles à payer. Lorsqu'on découvre que le père de deux enfants, devenu veuf, s'est remarié, le Ministère mène une enquête exhaustive sur ses revenus. La Gendarmerie conclut que l'homme est en mesure de soutenir ses deux enfants hébergés au pensionnat, alors que l'agent des Indiens soulève le point qu'il ne lui restera rien pour soutenir les deux enfants que sa nouvelle femme a amenés dans la famille. Dans un autre cas, les revenus de trappage d'un homme décrit comme étant « infirme » sont passés en revue pour voir si on peut le forcer à payer pour l'éducation de ses enfants. Dans les deux cas, on décide de continuer à financer l'hébergement des enfants dans les pensionnats[41].

Les comportements racistes persistent. En 1935, dans une évaluation soulevant que les élèves non indiens dans les pensionnats des Territoires du Nord-Ouest devraient faire l'objet d'une subvention, le sous-ministre adjoint de l'Intérieur R. A. Gibson écrit à propos d'un garçon de 13 ans qui fréquente l'école de Shingle Point : « Étant donné qu'il est de sang-mêlé, il est probable qu'il bénéficierait davantage d'une éducation qu'un Inuit pur-sang et, par conséquent, il devrait être maintenu à l'école jusqu'à l'âge de 14 ans[42]. »

Faire respecter la fréquentation obligatoire présentait également un problème. En 1941, l'évêque Breynat demande à Ottawa de mettre en application la fréquentation obligatoire « pour les blancs et particulièrement pour les Métis » dans les territoires, disant que les parents « métis » ne comprennent pas leur devoir de « fournir une saine formation intellectuelle et morale » à leurs enfants[43]. On lui fait remarquer que l'ordonnance sur les écoles territoriales exige que les parents d'enfants âgés de 7 à 12 ans envoient leurs enfants « à l'école pour une période d'au moins 16 semaines chaque année, soit, au moins deux périodes de huit semaines consécutives »[44]. Dans le but de leur permettre d'avoir un meilleur accès aux écoles, l'Église catholique entreprend dans les années 1940 une campagne pour faire inclure les Métis du Nord dans le Traité. Entre 1930 et 1943, par exemple, 164 résidents des Territoires du Nord-Ouest adhèrent au Traité[45].

Encore en 1944, l'évêque anglican A. L. Fleming exprime ses inquiétudes concernant la constante réticence du gouvernement territorial à fournir des services pédagogiques aux enfants métis. Il écrit : « À moins que le gouvernement soit prêt à faire face à la situation, nous serons inévitablement impliqués dans l'éternel problème d'une population métisse illettrée inefficace et, très souvent, indésirable[46]. »

Au milieu des années 1950, le gouvernement fédéral assume finalement la responsabilité de l'éducation dans le Nord, ce qui mène à la fermeture de la majorité des écoles missionnaires et à l'établissement d'une série de résidences et d'externats.

Ces résidences et ces écoles ne limitent pas l'admission aux enfants inscrits aux termes de la *Loi sur les Indiens*; elles sont ouvertes à tous les enfants des Territoires du Nord-Ouest et du Yukon. Ce changement accroît les chances d'éducation pour les enfants métis, mais il augmente également le nombre d'enfants métis qui vivent séparés de leurs parents dans les pensionnats. L'histoire de ces résidences et de ces écoles est relatée dans une partie distincte du rapport sur l'histoire des pensionnats.

CHAPITRE 6

La responsabilité provinciale : 1940–1960

L e changement de politique de 1937 indique clairement que le gouvernement fédéral s'attendait à ce que les provinces prennent en charge l'éducation des Métis, que ce soit en pensionnat ou en externat. Cela s'inscrivait dans le cadre de l'approche globale adoptée par le gouvernement fédéral à l'égard de l'éducation des Premières Nations dans les années qui ont suivi la Deuxième Guerre mondiale, à savoir d'intégrer les élèves au système provincial. Dans le cas des élèves des Premières Nations, le gouvernement fédéral reconnaissait sa responsabilité financière de payer les provinces pour les éduquer. Il n'acceptait pas une telle responsabilité pour l'éducation des Métis. Étant donné que, dans de nombreuses parties de l'ouest et du nord du Canada, les élèves métis vivaient dans des communautés où il n'y avait pas d'externats, les gouvernements provinciaux choisissaient souvent de les placer dans des pensionnats. Dans certains cas, des places étaient achetées dans des pensionnats subventionnés par le fédéral; dans d'autres cas, les places étaient dans des écoles exploitées exclusivement par des organisations religieuses. Au fil du temps, les gouvernements provinciaux établissent les divisions scolaires du Nord. Bien que ces divisions ouvrent des écoles élémentaires dans bon nombre de communautés peu peuplées et éloignées, l'enseignement secondaire est souvent donné uniquement dans des endroits centraux, ce qui oblige les élèves à vivre dans des résidences. En conséquence, de nombreux élèves métis continuent d'être éduqués dans des pensionnats — des établissements souvent financés par le gouvernement fédéral – en pleine période d'après-guerre. Un processus similaire au Yukon et dans les Territoires du Nord-Ouest entraîne un accroissement du nombre d'élèves métis dans les pensionnats du Nord.

Il est important de reconnaître que les enfants et les parents métis étaient souvent mal accueillis dans les écoles publiques. Le surintendant des écoles en Saskatchewan J. R. Martin écrit en 1941 que dans une communauté, les enfants métis étaient tellement malades que si le gouvernement les obligeait à aller à l'école, « les autres enfants sortaient de l'école et refusaient d'y retourner »[1]. En 1943, le successeur de Martin, E. J. Brandt, rapporte que « certains parents menaçaient même de retirer leurs enfants de l'école si d'autres Métis y venaient. À première vue, cette attitude peut sembler étroite et fanatique, mais si on regarde la question de plus près, sur le plan de la santé et de la propreté, elle peut être, du moins en partie, justifiée »[2]. L'opinion publique en Saskatchewan a été scandalisée à la suite du procès, en 1942, d'un garçon métis de 13 ans accusé du vol d'un cheval et d'une charrette. Le procès décrivait en détail la situation critique des familles métisses de la région de Crescent Lake. Elles vivaient dans une baraque durant l'hiver et voyageaient pendant l'été. L'enquête a révélé que la communauté comptait au moins 40 enfants d'âge scolaire qui n'étaient jamais allés à l'école. Ces enfants étaient décrits dans un rapport de police comme étant mal nourris et souffrant de plusieurs maladies, dont la tuberculose et le trachome, une cause potentielle de cécité[3]. Ces histoires suscitaient la sympathie du public envers les Métis, bien qu'en même temps, elles renforçaient leur réticence à l'admission des enfants métis dans les écoles publiques.

Initialement, il semble que le gouvernement fédéral se soit opposé aux efforts visant à maintenir la politique visant à placer les enfants métis dans les pensionnats. En janvier 1940, l'agent des Indiens N. P. L'Heureux, qui tente de résoudre un problème de surpeuplement à l'école Fort Vermilion, informe le directeur de l'école, J. Huguerre, qu'il « est inutile de présenter une demande d'admission à Ottawa » d'une fille de huit ans dont les parents ne sont pas des « Indiens inscrits ». L'Heureux ajoute qu'il ne recommandera pas l'admission parce qu'il « reste encore beaucoup d'enfants d'Indiens des traités qui ne sont pas à l'école »[4]. À ce moment, il y avait 88 élèves admis dans une école dont la capacité était de 65[5]. Le problème de surpeuplement avait été en majeure partie créé par le gouvernement lui-même. Plus tôt au cours du mois, le Dr H. A. Hamman écrivait au ministère des Affaires indiennes :

> De plus en plus d'enfants sont amenés au pensionnat de Fort Vermillion conformément à vos instructions selon lesquelles ces enfants et petits-enfants d'Indiens inscrits doivent être admis à l'école pour éviter que leur famille perde leurs droits de ration. Le pensionnat est rempli à sa pleine capacité et d'autres enfants arrivent. Il n'y a plus un seul lit d'enfant disponible. Mais, plus important encore, la santé de tous sera sérieusement menacée si d'autres pensionnaires sont admis alors que le volume d'air au pied cube dans les dortoirs et les salles de classe est déjà sollicité plus qu'il ne faut pour fournir un apport d'air frais pour tous[6].

Aussi en 1940, l'agent des Indiens Samuel Lovell rapporte que le père Doyen, le directeur de l'école Guy Hill à Le Pas (Manitoba) « a l'habitude d'accepter des enfants métis nécessiteux à l'école en tant qu'élèves pensionnaires ». Lovell souligne que ces admissions sont faites sans examen médical[7]. Un fonctionnaire du ministère des Affaires indiennes, Philip Phelan, informe l'agent Lovell qu'il est contraire à la politique d'admettre « des enfants métis nécessiteux au pensionnat indien de Guy Hill », et que si de tels enfants sont admis, celui-ci est tenu d'aviser le directeur qu'il doit les retirer. Le soutien des « enfants métis nécessiteux » était considéré comme étant une responsabilité provinciale[8].

Au Manitoba, l'opposition fédérale à l'admission des Métis dans les pensionnats se poursuit tout au long des années 1940 et au début des années 1950. En 1946, le ministère des Affaires indiennes refuse d'admettre quatre enfants à l'école de Birtle (Manitoba), parce que leur père est un « Sang-Mêlé français »[9]. En 1951, R. S. Davis, le directeur régional des agences indiennes au Manitoba, recommande qu'on ordonne au directeur de l'école de Sandy Bay (Manitoba) de renvoyer chez eux trois « Sang-Mêlé » et de les remplacer par des « Indiens des traités ». Davis mentionne qu'il a des raisons de croire que c'est actuellement le ministère des Affaires indiennes qui paie pour l'éducation des trois élèves[10].

La tendance est très différente en Alberta où six pensionnats appartenant à l'Église sont en activité. Ces écoles ne requièrent pas l'autorisation du gouvernement pour admettre un élève non inscrit en vertu de la *Loi sur les Indiens*[11]. En conséquence, dans les années 1940 et 1950, les écoles catholiques romaines de Hobbema, Fort Vermilion, Grouard, Fort Chipewyan, Joussard et Wabasca commencent à accueillir de plus en plus d'élèves métis.

En 1946, le ministère de l'Éducation de l'Alberta paie à l'Église catholique du Diocèse de Grouard un montant de 500 $ par année pour chaque groupe de 35 élèves de la province accepté. La plupart d'entre eux sont des Métis. Cette année-là, le Ministère subventionne 97 élèves[12]. Les élèves métis qui fréquentaient l'école catholique de Sturgeon Lake étaient si nombreux que, selon l'évêque Henri Routhier, ils posaient un problème « d'hygiène et de discipline » et étaient à l'origine de ce qu'il appelait des « salles de classe excessivement surpeuplées »[13].

L'appui provincial pour les élèves métis dans les pensionnats est sporadique. En 1950, le gouvernement albertain accorde 900 $ par année pour financer les élèves métis à l'école Holy Angels de Fort Chipewyan. Selon G. H. Gooderham, le superviseur régional des agences indiennes en Alberta, « un très grand nombre de Métis vivent au pensionnat de Grouard, mais la province n'a rien versé pour leurs frais scolaires[14]. » Selon l'évêque Routhier, à l'été de 1950, la province payait 18 $ par mois pour couvrir la pension, les frais scolaires et les vêtements des élèves métis hébergés dans les pensionnats catholiques. Dans une lettre au gouvernement de l'Alberta, l'évêque Routhier mentionne que le ministère des Affaires indiennes paie « un peu plus de 300 $ par enfant par année », ou 25 $ par mois, et suggère que la province verse une subvention équivalente[15].

En 1951, un inspecteur fait remarquer que l'école de Grouard devient graduellement « un orphelinat pour enfants métis et blancs. » Le nombre d'élèves des Premières Nations est réduit du tiers et on s'attend à ce qu'il baisse davantage au moment du transfert des élèves du Yukon à l'école de Lower Post, nouvellement construite à la frontière de la Colombie-Britannique et du Yukon. On songe à la possibilité d'envoyer les élèves des Premières Nations de Grouard à Joussard, et de réserver l'école de Grouard aux élèves métis. Un inspecteur écrit : « l'infime partie des fournitures scolaires que finance la Division des affaires indiennes, à laquelle viennent s'ajouter la maigre contribution provinciale ou d'autres fonds, est parcimonieusement répartie entre les cinq classes. » Selon l'inspecteur, « l'exploitation facile et rentable de l'école se fait aux dépens de l'éducation des enfants. L'extériorisation et la confiance en soi sont sacrifiées au profit de l'embrigadement et de la rentabilité »[16]. Au mois d'octobre de la même année, un fonctionnaire du ministère des Affaires indiennes, Philip Phelan, remarque que seulement 50 des 175 élèves à Grouard sont inscrits aux termes de la *Loi sur les Indiens*. Il suggère qu'ils soient répartis dans d'autres écoles. « Cela voudrait dire que tous les enfants métis se retrouveraient dans le même bâtiment et que les autres écoles n'auraient que des enfants indiens[17]. » L'Église réussit à faire dévier cette proposition. En 1954, 64 enfants indiens fréquentent l'école, et l'évêque Routhier prend position en disant préférer voir l'école continuer à éduquer à la fois les « enfants indiens et [...] les enfants métis »[18]. Cette tendance se perpétuait ailleurs. En 1958, 27 enfants métis (25 après Noël) fréquentaient l'école de Wabasca[19]. En décembre 1958, seulement 7 des 250 élèves de l'école de la mission, à Grouard, étaient des Indiens inscrits; presque tous les autres étaient des Métis[20].

En 1960, le gouvernement de l'Alberta crée la Northlands School Division pour coordonner l'éducation dans l'ensemble du nord de la province. La Division intègre 30 arrondissements scolaires et 20 écoles[21]. Au cours des années suivantes, d'autres arrondissements s'intégrèrent à la division[22]. En 1961, la province fait l'acquisition de la résidence de Grouard dans l'intention de la convertir en résidence pour les élèves appelés à fréquenter le futur centre de formation professionnelle. Il s'agit du plus grand projet de résidence administré par la Division. Elle ouvre en 1963, mais ferme quelques années plus tard en raison des coûts élevés et du faible taux d'admission. Un des problèmes récurrents est que les élèves autochtones ne se sentent pas les bienvenus dans les écoles publiques locales[23].

Dans les années 1940, le gouvernement de la Saskatchewan tente de réformer son système d'éducation dans le Nord, mais ce n'est pas avant les années 1970 que le pensionnat de l'Île-à-la-Crosse ferme pour être remplacé par une école publique[24]. Au Manitoba, la Division scolaire Frontier est créée en 1965[25]. Une ancienne base militaire à Cranberry Portage est convertie en résidence pour les élèves des communautés éloignées qui fréquentent l'école secondaire.

Il est évident que de nombreux problèmes du passé reliés à l'éducation des enfants métis dans les pensionnats se sont perpétués dans le présent. En 2010, une étude de la Northlands School Division du Manitoba révélait que les élèves de la Division avaient un faible taux d'achèvement des études secondaires. Elle démontrait également qu'un grand nombre d'étudiants qui avaient poursuivi leurs études secondaires avaient dû quitter la Division et résider dans de plus grandes communautés où très peu d'appui leur était offert. Qu'ils les aient fréquentés en internat ou en externat, les écoles publiques étaient pour de nombreux élèves autochtones une source de malaise et de comportement racistes. De plus, le contenu des cours dispensés aux Autochtones dans les écoles de la Division était jugé « inadéquat »[26]. Selon les témoignages des élèves qui ont fréquenté les pensionnats, il est évident que l'éducation qu'a reçue le peuple métis dans le système des pensionnats présente un parallèle étroit avec celle des Inuits et des membres des Premières Nations.

CHAPITRE 7

Les élèves parlent

Les élèves métis et ceux d'ascendance mixte ont été présents dans le système des pensionnats tout au long de son histoire. Certains y ont été forcés. Pour d'autres, les pensionnats ont été les seules écoles auxquelles ils avaient accès. Leurs parents ont souvent fait d'énormes sacrifices financiers pour s'assurer qu'ils puissent aller à ces écoles. L'expérience vécue par les enfants qui ont fréquenté les pensionnats a été tour à tour qualifiée en ces termes :

- une brusque et, souvent tragique, séparation de leur famille;
- une immersion déconcertante dans une culture étrangère et extrêmement régentée;
- une discipline sévère;
- une vulnérabilité à la maltraitance;
- un système d'éducation plus axé sur la religion et le travail que sur les études;
- une nourriture restreinte, monotone et sans attrait.

Malgré tout, ce ne sont pas tous les élèves métis qui font un compte rendu négatif de leurs années d'école. Certains se souviennent d'enseignants pleins de bonté et sont reconnaissants pour les compétences qu'ils ont acquises. Pour d'autres, les seuls souvenirs positifs qu'ils retiennent sont les amitiés et les liens qu'ils ont créés pour compenser ce qu'ils percevaient comme une discipline dure et parfois abusive, et les mauvais traitements subis aux mains de tyrans.

De nombreuses et diverses raisons ont pu amener les enfants métis dans les pensionnats. Dans certains cas, la cause pouvait être le décès d'un des parents. Angie Crerar, qui a fréquenté l'école de Fort Resolution durant dix ans, se souvient de son enfance comme d'une période où elle était heureuse et en sécurité, entourée de trois sœurs, de quatre frères et de deux parents aimants. « Ma mère faisait beaucoup de jardinage et se servait souvent de plantes médicinales. Mon père travaillait à la Compagnie de la Baie d'Hudson et aussi comme interprète. Il nous a inculqué la valeur et la fierté d'être métis », dit-elle. En 1948, sa mère est frappée par la tuberculose et Crerar et deux de ses sœurs sont envoyées au pensionnat. Sa mère meurt deux jours après son arrivée là-bas. « On l'a seulement appris une semaine plus tard. Une religieuse nous a amenées dans une pièce et nous a dit : "Vous êtes maintenant des orphelines. Votre mère est morte". Je me souviens d'avoir tenu mes sœurs. Je me souviens d'avoir pleuré. Je me souviens de m'être sentie tellement abandonnée et tellement perdue et terriblement seule[1]. »

Theresa Meltenberger a fréquenté l'école du Lac La Biche, en Alberta, durant cinq ans pendant que, selon elle, ses parents passaient la majeure partie de leur temps « dans le bois ». Sa mère l'a placée à l'école parce que « l'éducation était sa principale priorité »[2].

Elmer Cardinal a fréquenté l'école catholique de St. Albert (Alberta) durant huit ans, qu'il a quittée à l'âge de 16 ans. Il croit que la partie la plus positive de sa vie a été pendant sa petite enfance chez ses grands-parents qui l'ont élevé. Cette période a pris fin lorsque le prêtre local et l'agent des Indiens ont organisé son entrée à l'école[3].

Pour la majorité des élèves, les premiers jours à l'école ont été très difficiles. Alphonse Janvier, qui a passé cinq ans à l'école de l'Île-à-la-Crosse, en Saskatchewan, décrit sa séparation d'avec ses parents comme « l'expérience la plus éprouvante de sa vie ». Il n'a jamais oublié la douleur ressentie par « un enfant de sept ou huit ans mis à bord d'un avion rouge — l'emportant loin de sa mère en pleurs, debout sur la rive. Cela semble déjà lointain, mais c'est aussi très présent dans ma mémoire et ça a été ma toute première sensation d'abandon. » Il n'a pas oublié non plus la colère et la douleur ressenties à son arrivée. « On m'a placé sur une vieille chaise de barbier. Je me rappelle qu'ils m'ont rasé la tête, je vois encore mes longs cheveux tomber sur le sol, puis pour faire cesser mes pleurs et me consoler, ils m'ont offert un bol de crème glacée[4]. » Robert Derocher, qui qualifie le temps qu'il a passé à l'Île-à-la-Crosse comme « la pire année qu'il ait jamais vécue », se souvient s'être fait punir pour avoir parlé cri. « C'était tellement difficile, vous savez, de ne pas pouvoir communiquer avec d'autres enfants autochtones là-bas[5]. » Theresa Meltenberger se rendait à l'école, au début en train, ensuite en traîneau en compagnie d'un frère oblat. « C'était ma première expérience loin de chez moi et ça avait un côté très traumatisant[6]. »

Même Thérèse Arcand, qui rapporte avoir été « heureuse » à l'Île-à-la-Crosse et qui est elle-même devenue une Sœur Grise, mentionne : « en même temps, je me sentais très très isolée. J'aurais dû entrer à l'école l'année d'avant, je crois, mais je ne me décidais pas à laisser ma mère[7]. » Elle décrit son retour à l'école après les vacances comme un sentiment de déchirement : « On est resté là pour la majeure partie des deux mois. Au milieu d'août, on a dû revenir à l'école et j'ai pleuré! J'ai toujours trouvé difficile de quitter la maison. Plus jamais! Je suis retournée à la maison pour les vacances d'été de 1922 et de 1923, puis je ne suis jamais revenue à la maison[8]. »

L'histoire d'un ancien élève métis donne un compte rendu saisissant de l'arrivée à un pensionnat en Alberta au milieu du XXᵉ siècle.

Le jour de mon arrivée au pensionnat, mon frère me consolait, tout comme mon père et ma mère. Je crois qu'à ce moment-là, j'étais plus en colère que triste de les voir partir parce qu'ils ne m'avaient pas dit qu'ils me laisseraient à la mission. Je me souviens de mon frère debout à côté de moi tentant de me consoler parce que je pleurais, puis tout de suite après, ils nous ont appelés pour le souper. On nous a servi notre repas et on nous a assigné une table. Je ne savais vraiment pas quoi faire alors, je me suis levé et je suis allé parler à mon grand frère. Je lui ai demandé quoi faire et il m'a comme chuchoté d'aller manger. Avant que j'arrive à ma table, la religieuse criait après moi. Je ne savais pas ce qu'elle disait, mais je reconnaissais le ton et il n'était pas agréable. J'avais enfreint ses règles. Je m'étais levé de ma place et j'avais parlé en cri[9].

James Thomas a passé dix ans à l'école de Grouard, en Alberta. Sa mère est morte alors qu'il était âgé d'environ quatre ans. Durant son séjour à l'école, il a travaillé à l'atelier, à la forge et dans les champs de légumes. Sa famille n'avait pas suffisamment d'argent pour le ramener à la maison durant les vacances. En fait, « tous les modestes revenus de mon père servaient à nous garder làbas », dit-il[10].

Martha Mercredi a été placée au couvent de Holy Angels à Fort Chipewyan (Alberta) lorsqu'elle est devenue orpheline à l'âge de quatre ans. Elle y est restée huit ans. « J'étais très bien traitée. Je ne parlais pas la langue (crie), comme j'aurais dû, mais je l'ai apprise d'une amie pendant que j'étais au couvent. On parlait cri parce que les religieuses ne comprenaient pas le cri; on était vilaine, mais les sœurs n'ont jamais su qu'on parlait d'elles. » Elle en est venue à voir les religieuses comme sa famille. « La mère supérieure était ma grand-mère et sœur Lucy, mon enseignante, était comme une mère, c'est elle qui me servait de tutrice. Je n'ai donc rien à redire contre le couvent. Je suis très heureuse qu'elles m'aient appris à lire et à écrire[11]. »

Un grand nombre d'élèves se souviennent d'une nourriture inadéquate, mal cuisinée et très peu variée. Magee Shaw explique : « Les garçons venaient de l'autre côté du chemin avec le poisson dans de gros seaux noirs. Ils ne semblaient pas écaillés, ni rien — ils étaient seulement noirs, de grandes casseroles noires. Pour déjeuner, c'était de la bouillie de gruau, sans lait, sans sucre, et tu étais toujours assis en silence dans une grande salle[12]. » Une femme métisse qui a fréquenté une école en Alberta se souvient avoir été nourrie « de la même chose tous les jours, on n'avait jamais de rôties; une fille arrivait souvent avec les croûtes des rôties du déjeuner des prêtres et des religieuses et les enfants étaient tous là à se battre pour en avoir et même pour des pelures d'oranges. On était affamé tout le temps. La nourriture semblait vraiment graisseuse, la soupe était faite de légumes et il fallait tout manger. » Les enfants qu'on jugeait s'être bien comportés pouvaient en avoir une deuxième fois. Mais, même eux allaient dans le jardin pour « piquer des carottes, des tomates et tout ça […] et essayaient de les cacher. Si on se faisait attraper, on avait droit à un bon coup de lanière de cuir[13]. » Les seules fois où la nourriture était meilleure, se souvient un élève, c'était lorsqu'il y avait de la visite de l'extérieur. « Ils mettaient alors des nappes sur les tables et on nous donnait des œufs et du bacon pour faire croire qu'ils servaient de vrais bons aliments, vous voyez[14]. » Un autre élève métis se souvient que « chaque fois que l'évêque visitait la mission, la nourriture était meilleure. Il pouvait y avoir des côtelettes de porc ou du poulet ou quelque chose de mieux que ce qu'on nous servait d'habitude. La seule autre fois où c'est arrivé, c'est quand l'inspecteur du ministère des Affaires indiennes est venu; c'était également dans ces occasions qu'on nous donnait de meilleurs vêtements à porter[15]. »

Une autre élève dit :

> Quand on avait faim, c'était toujours la même nourriture, de la bouillie le matin sans sucre. Ils en saupoudraient juste un peu sur le dessus — les grands garçons avaient droit à un peu de lait, un peu de sucre brun — trois ou quatre des plus grands, c'était eux qui y avaient droit. Tu pouvais manger tout le pain que tu voulais, mais tu avais une seule cuillerée de lard.

Parce qu'ils avaient toujours des fèves (*beans*) au dîner, les élèves étaient connus sous le nom de « *mission beans* »[16].

Rita Evans est allée à l'école de Grouard durant quatre ans. L'instruction religieuse et des corvées, très peu de temps consacré à l'enseignement en classe, c'est ce qui vient au premier plan dans ses souvenirs de l'école. « On priait tout le temps et on n'apprenait rien et quand j'ai terminé ma 6e année, bon sang, je ne savais rien, sauf travailler, travailler. Très peu se sont rendues à la 8e année[17]. » Le service religieux ressemblait souvent à de la torture, particulièrement pour les plus jeunes. À propos de son séjour à l'école de Grouard, Rita mentionne : « Je ne vois rien à redire de l'Église. J'y vais encore chaque fois que j'en ai l'occasion, mais c'était de tous petits enfants. Ils pleuraient, pourquoi est-ce qu'ils ne les laissaient pas au lit avec une fille pour les garder? Ils ne savent pas ce que c'est la messe, c'était juste horrible[18]. »

La vie à l'école pouvait rapidement tourner au tragique. Colin Courtoreille raconte la rapidité avec laquelle un garçon de l'école Grouard a été emporté par une pneumonie.

> Un garçon indien de Whitefish — il occupait le lit à côté du mien. Il toussait beaucoup – c'était en février 1936, je crois. Il était tout en sueur parce qu'il avait un mauvais rhume, mais on devait tous jouer dehors. Il a joué dans la neige et il était tout mouillé. Au moment d'aller au lit – nous étions dans un dortoir, comme dans un corridor – il toussait et il râlait. J'ai parlé à la sœur — après que j'ai su parler un peu en anglais, j'essayais toujours d'aider — j'ai dit « George est vraiment malade ma sœur, qu'est-ce qu'il a? » Elle est venue et je l'ai vue préparer du gingembre dans une tasse. Elle lui a donné et l'a renvoyé au lit. Ce garçon est mort cette nuit-là, à environ 3 heures du matin[19].

Mike Durocher, un élève à l'Île-à-la-Crosse durant neuf ans, dit que sa vie était régie par « un horaire régimentaire imposé par des fonctions religieuses »[20]. À propos de la réglementation excessive, un élève d'une autre école dit, « On était entraîné comme des chiens — un coup tu te lèves — deux coups tu va manger — trois coups tu vas dehors, exemple[21]. »

George Amato se souvient de la fois où sa sœur s'était esquivée de l'école pour aller à une danse en ville. « Le prêtre est allé la chercher et l'a ramenée; ils l'ont attachée à une chaise et lui ont rasé la tête. Elle a frappé la religieuse, ou la sœur, et elle s'est retrouvée à Edmonton dans une école de réforme pour filles[22]. »

Un élève métis qui a fréquenté l'école de Fort Chipewyan se souvient que les élèves qui mouillaient leur lit étaient placés dans une cuve au milieu du plancher de la toilette et on leur versait de l'eau glacée sur la tête. « C'était tous les matins que ça s'était produit et on devait tous rester là à regarder. Oh mon dieu, c'était absolument terrible[23]. » Selon Robert Derocher, à l'Île-à-la-Crosse, les mouilleurs de lit devaient « porter une couche devant tout le monde toute la journée »[24].

Magee Shaw se souvient d'avoir été punie physiquement et menacée de l'être « si on me prenait encore à parler ou à dire quelque chose dans ma langue »[25]. Yvonne Lariviere, une élève de l'Île-à-la-Crosse de 1947 à 1955, se rappelle : « Je ne comprenais pas pourquoi on me frappait parce que je ne parlais pas l'anglais. J'avais sept ans et je n'avais jamais été battue avant de toute ma vie[26]. » Pour s'être remis à parler dans la mauvaise langue, Alphonse Janvier avait tour à tour été obligé de tenir une pile de livres au-dessus de sa tête, se tenir debout dans un coin et se placer devant le tableau noir en pressant son nez au centre d'un cercle tracé à la craie. Il dit qu'on lui a également enseigné à avoir honte de son héritage : « on nous disait que tout ce que les Indiens faisaient, c'était piller des fermes, enlever des femmes et brûler des maisons[27]. »

Allen Morin dit que l'Île-à-la-Crosse était un monde dirigé par des gens non autochtones.

> Je me souviens que les enseignants venaient de septembre à juin, puis ils partaient, et un nouveau groupe d'enseignants arrivaient, et c'était tous des non autochtones. Et pour moi, je pensais, comment ça, pourquoi est-ce qu'ils viennent et repartent? Puis j'ai pensé, eh bien je crois que c'est parce qu'on est des Indiens et qu'eux, ce ne sont pas des Autochtones, et qu'il n'y a que les non autochtones qui peuvent être des enseignants, ou des professionnels, ou des prêtres, des choses comme ça. Et ils étaient comme, je crois qu'ils étaient comme […] ils se séparaient de notre communauté, et nous, on ne se mêlait pas à eux[28].

La discipline sévère, et parfois abusive, était jumelée à la violence physique et aux agressions sexuelles. Selon un ancien élève de l'Île-à-la-Crosse, « Les plus vieux agressaient les plus jeunes le soir dans les dortoirs, et les prêtes et les superviseurs agressaient leurs «préférés»[29]. » Clément Chartier, un élève de l'Île-à-la-Crosse durant dix ans, explique : « beaucoup, beaucoup d'entre nous ont subi des violences physiques et sexuelles »[30]. Mike Durocher, qui a été victime d'agression, dit qu'il a été expulsé de l'école à l'âge de 15 ans pour avoir posé des affiches qui identifiaient les agresseurs. Le directeur l'a traité de menteur et ses parents et grands-parents ont refusé de croire son histoire[31]. Robert Derocher dit que des membres du personnel prenaient avantage de la solitude des élèves : « Il semble qu'ils savaient comment se rapprocher des, des enfants qui souffraient, et leur donner toute sorte d'attention qu'on cherchait tous; même si ce n'était pas bien[32]. »

Un jour, un élève de l'école de Grouard, George Amato, se fait dire : « tu dois aller aider le frère en bas ». Selon George, le prêtre l'a amené en bas « dans la chaufferie où il s'est assis et a détaché sa salopette, l'a descendue, et m'a forcé à le caresser »[33].

Face à la faim, à la discipline et à la violence, de nombreux enfants prenaient la fuite. Un élève se rappelle : « Pour moi, c'était une vie dure, alors je m'enfuyais. Je l'ai fait quelques fois. Il me ramenait et je repartais. Finalement, mes parents ont constaté que je ne voulais plus rester là. Même chose du côté de mes sœurs, elles étaient deux. Alors on a tous décidé qu'on n'y retournerait pas[34]. » Colin Courtoreille était bouleversé par la discipline imposée à l'école de Grouard, mais il n'arrivait pas à convaincre son père qu'il était maltraité.

> Mon père n'a jamais vu ça. Il se fâchait contre nous, il disait ne blâmez pas la mission parce que vous allez apprendre des choses, respectez la façon de vivre des catholiques, comme les sœurs et les frères. Et là, tu es coincé au milieu. Tu reçois une raclée ici et tu ne le diras pas à tes parents parce qu'ils ne te croiront pas, parce que tu apprends quelque chose[35].

Donna Roberts, qui a fréquenté l'école de Fort Vermilion (Alberta) durant dix ans, n'a jamais oublié la discipline de l'école.

> Ceux qui ne suivaient pas les règles et qui se rebellaient, et il y en avait quelques-uns, recevaient une fessée, comme ceux qui s'enfuyaient de la mission. J'ai été témoin d'une fugue. Deux garçons sont partis en janvier — au cœur de l'hiver froid — ils ont couru à travers la rivière pendant que le prêtre les pourchassait. Ils se sont rendus jusqu'au milieu de la rivière et on les a forcés à faire demi-tour et à revenir.
>
> On était là, tout le monde était assis autour du hall, et ils étaient deux, debout. On leur a dit de se tenir debout parce qu'ils allaient recevoir une fessée devant nous tous, en exemple, pour qu'on ne fugue pas. Ils ont reçu la fessée. Après ça, les élèves ne fuyaient plus parce qu'ils savaient à quoi ils auraient droit. Au moins deux autres fois, des gens ont fui, mais on les ramenait toujours[36].

Une jeune fille s'est enfuie de l'école de Fort Chipewyan à l'âge de 13 ans. Comme elle avait déjà fait une fugue et que son père l'avait ramenée, elle avait repris rapidement la fuite. « Papa m'a ramenée, alors je suis repartie. J'ai couru tout le long, de l'ancienne mission à la maison de mon père. J'ai couru tout le long avec seulement un chandail sur moi et on était en novembre. » Son père l'a ramenée en lui demandant de rester jusqu'à la fin de l'année, mais elle s'est enfuie de nouveau avant Pâques[37].

Plutôt que de fuir, certains élèves, en grandissant, se défendaient. Elmer Cardinal affirme qu'une fois, il a battu un prêtre. « Je lui ai donné une bonne raclée; il n'est pas mort. Je lui ai donné un coup pied à la tête, j'ai cassé ses lunettes et les garçons se sont réunis tout autour de moi et ils n'ont rien fait[38]. »

On retrouve également des souvenirs positifs. Une ancienne élève métisse dit :« J'étais bien traitée, je m'en souviens très bien, quelques-uns de ces souvenirs sont les plus heureux de ma vie [...] On me demandait d'enseigner à des groupes quand j'étais plus âgée et que les enseignantes étaient malades ou absentes. C'était de bons moments pour moi[39]. » Hank Pennier, qui a fréquenté l'école de Mission, en Colombie-Britannique, au début du XXᵉ siècle, raconte à quel point il était content d'être admis à l'école. « Comme on était métis et qu'on ne pouvait pas vivre dans la réserve, on était censé vivre comme des blancs et on était en dessous du statut de l'homme blanc. Mais les prêtres étaient très bons et ils ont fait une exception dans notre cas. Ils ont fait plus que leur devoir. » En fait, il regrette d'avoir quitté l'école. Un été, il était en retard de trois semaines pour le retour en classe, en grande partie parce que lui et son frère attendaient à la maison d'être payés pour le travail qu'ils avaient fait au moulin local. Au moment où il est arrivé à Mission, l'école était à sa pleine capacité et il n'a pas pu être admis. Il avait 13 ans. « Ça n'a plus jamais été aussi facile après[40]. » Archie Larocque, qui a fréquenté l'école de Fort Resolution pendant un an,explique : « Les religieuses étaient vraiment bonnes, elles étaient vraiment bonnes et faisaient de leur mieux. » Larocque est positif aussi quand il parle de l'éducation qu'il a reçue. « C'était de bonnes enseignantes. Elles savaient que j'allais être là juste pour une période scolaire parce que j'avais dépassé l'âge limite. Alors elles m'ont inculqué tout ce qu'elles ont pu. J'ai appris beaucoup au cours de ces six ou sept mois[41]. »

À propos de la vie à l'Île-à-la-Crosse, une ancienne élève, Mary Jacobson, dit que, même si elle croit que les religieuses traitaient bien les élèves, elles les punissaient pour de mauvais résultats en classe. Selon Jacobson, « si on n'apprenait pas, c'était notre faute quand on recevait une raclée. Parce qu'il fallait qu'on essaie d'apprendre et elles voulaient qu'on apprenne quelque chose[42]. »

Theresa Meltenberger est fière du fait que les enfants au Lac La Biche prenaient en main leur propre divertissement.

> L'hiver on construisait un fort, on faisait des batailles de boules de neige et on jouait toujours dans la neige. On avait une belle cour — rien à envier aux igloos. Puis, on faisait un tas de boules de neige en réserve dans l'espoir d'attraper quelqu'un au passage ou d'attaquer des femmes là-bas, mais ce n'est jamais arrivé. Puis, à l'été, on était aux abords d'un lac, un des plus beaux lacs, vous savez, avant qu'ils polluent cette belle plage. On avait construit un radeau. En

y repensant, je me demande comment ils nous ont laissé faire, sans mesure de sécurité, et tout. On partait sur le radeau et c'était notre façon de nous venger de la sœur qu'on n'aimait pas tellement. C'était du bois de grève, d'un côté on avait les plus gros billots et de l'autre côté les billots rapetissaient. On avait bâti un siège dessus pour la sœur et on avançait à l'aide d'une perche. À cause de ce gros billot d'un côté, on ne faisait que bouger et le radeau se renversait et je vois encore les sœurs qui avaient cette grosse chose amidonnée autour de leurs lunettes qui pendaient. « Oh, nous sommes vraiment désolées ma sœur », et bien sûr, on ne l'était pas, ce qui nous apprenait à ne pas être honnête tout le temps, je crois, mais on s'amusait bien[43].

Meltenberger se rappelle les durs travaux, mais elle sait qu'elle a acquis d'importantes aptitudes. Même si elle n'aimait pas la discipline, elle dit : « Je ne veux pas juger cette époque d'après les normes d'aujourd'hui, parce que les religieuses pensaient probablement faire le travail de Dieu, vous savez. Alors, qui suis-je pour jeter le blâme sur elles, mais, vous savez, ça m'a pris longtemps pour m'en accommoder[44]. »

Une élève de l'Alberta se souvient de son enseignante de première année comme étant « la plus gentille petite religieuse d'entre toutes. Elle s'appelait sœur Alicia et elle était vraiment gentille. C'était une petite vieille dame, je parie qu'elle avait environ 70 ans et elle n'était pas très grande. Je crois que la plus grande élève de notre classe était plus grande qu'elle, mais elle était très aimable. » Une autre enseignante était beaucoup plus dure. « Je rêvassais, regardant par la fenêtre et tout à coup, j'ai été ramenée à la réalité par une règle de trois pieds me frappant en travers du dos, juste à la hauteur des épaules[45]. »

Comme bon nombre d'élèves, Donna Roberts développa une relation d'amitié profonde et protectrice à la mission St. Bruno, à Joussard (Alberta). « On était liée. Si quelqu'un était mesquin avec l'une de nous, on était sûre que l'autre prendrait sa défense. C'était une entente mutuelle entre nous. On a survécu de cette façon[46]. » Angie Crerar dit que les seuls bons souvenirs qu'elle a de ses années à l'école sont les liens protecteurs qu'elle avait créés avec ses amies. Elles s'étaient dit : « "Tu es ma force, tu es mon amie, tu es ma confiance". On s'occupait des plus jeunes et on tentait d'éviter de se faire battre inutilement. La notion du respect n'existait pas, mais nous avons appris nous-mêmes à nous respecter[47]. »

Dans certains cas, les élèves exprimaient leur colère sur les autres. Un élève dit :

On était toujours entouré d'une clôture de 10 pieds de haut. On était comme des animaux en cage, je pense. On se battait toujours entre nous et on ne s'entendait pas très bien. Je me souviens de trois grands gars, ils venaient du Nord. Des garçons de partout venaient à notre école, étrangement, ils avaient un pensionnat là-bas, mais ils venaient à Grouard. C'était tous de plus grands garçons. On se mettait à trois pour s'attaquer à l'un d'eux. Mais on était certain de prendre une bonne raclée s'ils n'attrapaient qu'un seul d'entre nous[48].

Un élève qui a fréquenté l'école St. Martins à Wabasca (Alberta) durant huit ans se rappelle comment les plus grands amenaient les plus petits à se battre. « Il m'arrivait de pleurer quand je me battais contre un gars, on ne s'entendait pas bien[49]. »

Les enfants métis sentaient aussi de la discrimination de la part des enfants des Premières Nations. Une mère a dit : « Mes enfants, ils n'aimaient pas l'école parce qu'ils étaient maltraités, probablement parce qu'ils étaient métis. On riait d'eux, des choses comme ça[50]. » Un élève a ressenti la même hostilité de la part des élèves inuits. « Ils s'arrangeaient pour qu'on sache qu'on n'était pas vraiment, véritablement des Inuks. En plus des cruautés mesquines infligées aux Métis pour être nés ainsi, il y avait l'évidence de l'illégitimité[51]. »

Durant son séjour au pensionnat de Pine Creek, au Manitoba, Raphael Ironstand, un garçon d'ascendance mixte élevé dans une communauté des Premières Nations, a été victime d'intimidation de la part des élèves cris.

> Les Cris m'ont encerclé en me regardant avec des yeux haineux. Ils m'appelaient « Monias » et me disaient que l'école était réservée aux Indiens. J'essayais de leur dire que je n'étais pas un « Monias » (ce mot, je le savais, désignait l'homme blanc), mais un véritable Indien. Mes protestations ont déclenché leur attaque; tous ensemble, ils se sont jetés sur moi, me donnant des coups de pied et des coups de poing, me mordant et m'arrachant des poignées de cheveux. Ils ont également mis tous mes vêtements en lambeaux, avant de disparaître soudainement, me laissant étendu au sol, ensanglanté et contusionné[52]. »

Bien que les sœurs aient fait preuve de peu de sympathie à ce moment-là, Raphael a le souvenir bien précis d'une religieuse qui lui a témoigné de la gentillesse.

> J'ai parlé à cette religieuse compréhensive de mes sentiments confus, du fait que j'étais une personne sans identité, à la peau blanche, même si j'étais Indien. Elle a mis son bras autour de moi et m'a assuré que j'étais une personne très importante pour elle, ce qui immédiatement a fait grimper mon estime de soi. C'était la première fois depuis que je venais à l'école que quelqu'un me touchait sans me punir ou me battre. Alors qu'elle me reconduisait à la porte, elle s'est arrêtée et m'a serré dans ses bras, ça m'a imprégné de chaleur[53].

Une telle démonstration d'affection était rare. Même s'ils développaient des amitiés solides, la majorité des élèves ne se sentaient pas aimés. Alphonse Janvier a grandi dans un foyer où l'amour était présent et démontré. « Ma mère nous prenait souvent dans ses bras, mon père aussi, ils passaient tout leur temps avec nous. Après que j'aie eu quitté la maison, je ne me souviens pas de m'être jamais, jamais, fait étreindre ou fait dire qu'on m'aimait[54]. » Une autre ancienne élève métisse de l'Alberta raconte à quel point les pensionnats n'ont pas enseigné à ses parents comment aimer et à quel point elle a reçu cette même éducation sans joie durant les années où elle a fréquenté l'école. « Il n'y avait aucune marque d'amour à la maison, pas d'étreinte, pas de mots comme "je t'aime" parce que c'était des mots obscènes. On leur a enseigné à ne pas montrer d'affection. Les prêtres et les religieuses tuaient ça en vous. Je sais j'étais à l'école des missionnaires et je ne pouvais même pas parler à mon frère[55]. »

Parce que les garçons et les filles étaient séparés, les familles étaient désunies. Cette pratique s'est poursuivie jusque dans les années 1950. Alphonse Janvier se souvient de l'Île-à-la-Crosse : « on n'avait pas le droit de leur parler parce que la cour de récréation avait une ligne imaginaire qu'il ne fallait pas traverser. On en parle maintenant et on se demande pourquoi on devait se plier à ça. On mangeait dans la même salle, séparée par un mur et deux portes, et on se saluait de la main, c'était mon seul moyen de communication avec mes nièces[56]. »

On préparait très peu les enfants aux changements que leur corps allait connaître durant leur séjour à l'école. Une jeune femme, bouleversée en voyant les premiers signes de menstruation, s'est adressée à un membre du personnel en disant qu'elle allait mourir au bout de son sang. « Elle m'a frappée si fort, qu'elle m'a assommée. Quand je suis revenue à moi, elle m'a jeté une guenille et m'a expliqué ce qui m'arrivait[57]. » Magee Shaw, qui a fréquenté l'école de Grouard, en Alberta, se souvient d'avoir été accusée de « s'amuser avec les frères » au début de ses menstruations. Elle n'a pas compris l'allégation et a éclaté en sanglots. Puis, une des sœurs « a pris des ciseaux et a coupé tout un côté de mes cheveux devant tous les autres enfants »[58].

Le gouvernement et les Églises cherchaient, par divers moyens, à contrôler la vie des anciens élèves. Dans certains cas, les écoles gardaient les jeunes filles comme servantes, payées ou non, à la fin de leurs études. De cette façon, on les empêchait de retourner vers ce qui était perçu comme des influences « corruptrices » de leur communauté d'origine, et on pouvait également arranger des mariages pour elles. George Amato, qui a fréquenté l'école de Grouard durant neuf ans, dit que sa mère était l'une de ces jeunes filles qu'on avait gardées à l'école. Un jour, la sœur lui dit, à elle et à d'autres filles, de se faire présentable. Ma mère a cru que c'était parce que son père venait pour la ramener à la maison. Au lieu de cela, on a fait aligner les filles le long du mur. « La porte s'est ouverte et le prêtre et un petit homme blanc sont entrés. » L'homme a inspecté les filles. « Il s'est arrêté devant ma mère, a mis ses mains sur ses épaules et a dit : "Je vais prendre celle-là"[59]. » De la même manière, les prêtres et les religieuses de Fort Chipewyan ont arrangé un mariage pour une jeune orpheline, Martha Mercredi. Qu'on l'ait forcée à accepter ce mariage constitue sa principale critique envers l'école, bien que finalement, elle ne soit pas malheureuse dans cette union[60].

Au fil du temps, de plus en plus de Métis travaillent dans les écoles. Thérèse Arcand, qui est la première Métisse diplômée de l'Île-à-la-Crosse à entrer chez les Sœurs de la Charité, y revient attirée par une inspiration douce-amère. Alors qu'elle se prépare à quitter l'école en mars 1929, elle croise une fille qui vient tout juste d'arriver. « Elle pleurait. Et je me suis dit : "Je vais aller suivre ma formation et je vais revenir pour aider mon peuple". Ce fut ma dernière pensée en quittant l'Île-à-la-Crosse[61]. »

Conclusion et appels à l'action

L'expérience des pensionnats vécue par les Métis est un sujet négligé depuis trop longtemps. Il est important de reconnaître que des enfants métis ont fréquenté des pensionnats dans le Sud comme dans le Nord du Canada. La politique du gouvernement fédéral concernant l'inscription des Métis n'a jamais été uniforme et n'a jamais été mise en application uniformément. Même lorsque le gouvernement fédéral a voulu bannir les enfants métis des écoles, les dirigeants d'église ont continué de les recruter. Étant donné que les gouvernements provinciaux et les commissions scolaires étaient souvent réticents à bâtir des écoles dans les collectivités métisses ou à permettre aux enfants métis de fréquenter les écoles publiques, les parents métis qui souhaitaient que leurs enfants reçoivent une éducation n'avaient souvent d'autres choix que de les envoyer en pensionnat. Dans le Nord du Canada, le réseau de résidences établi au milieu des années 1950 n'imposait aucune restriction à l'inscription d'enfants métis. À partir des années 1950, de nombreux enfants métis ont fréquenté les pensionnats exploités par les gouvernements provinciaux dans le Nord et dans les régions reculées. L'expérience vécue par les élèves variait selon l'époque et le lieu, comme pour tous les autres élèves qui ont fréquenté les pensionnats. Il est indéniable que le préjudice subi par les enfants, leurs parents et la communauté métisse a été considérable. Cela reste une honte qu'un tel préjudice n'a pas été réparé. Pour remédier à la situation, la Commission a lancé les deux appels à l'action suivants dans son rapport sommaire.

29) Nous demandons aux parties concernées, et plus particulièrement, au gouvernement fédéral, de travailler en collaboration avec les demandeurs qui ne sont pas visés par la Convention de règlement relative aux pensionnats indiens afin de cerner les questions en litige et d'établir rapidement une entente sur un ensemble de faits.

30) Nous demandons aux parties à la Convention de règlement relative aux pensionnats indiens d'élaborer et de signer un pacte de réconciliation qui fait part des principes de la collaboration voulue afin de promouvoir la réconciliation

au sein de la société canadienne et qui comprend, notamment, mais sans s'y limiter :

 i. la réaffirmation de l'engagement des parties à l'égard de la réconciliation;

 ii. la répudiation des concepts utilisés pour justifier la souveraineté des peuples européens sur les territoires et les peuples autochtones, notamment la doctrine de la découverte et le principe de *terra nullius*, de même que la réforme des lois, des structures de gouvernance et des politiques au sein des institutions qui s'appuient toujours sur ces concepts;

 iii. la pleine adoption et la mise en œuvre complète de la *Déclaration des Nations Unies sur les droits des peuples autochtones* dans le cadre de la réconciliation;

 iv. le soutien de l'établissement de relations qui se rattachent aux traités et qui sont fondées sur les principes de la reconnaissance mutuelle, du respect mutuel et de la responsabilité partagée, et ce, de manière à ce qu'elles soient durables, ou encore du renouvellement des relations de ce type déjà nouées;

 v. l'octroi de la permission aux personnes exclues de la Convention de règlement de signer le pacte de réconciliation;

 vi. l'octroi de la permission à d'autres parties concernées de signer le pacte de réconciliation.

Notes

Introduction

1. McCarthy, *From the Great River*, p. 159–160.
2. Erickson, *Repositioning the Missionary*, p. 132.
3. Les cas du Yukon et de l'Alberta sont traités plus loin dans ce chapitre. Pour Morice, voir : Gresko, *Gender and Mission*, p. 198.
4. Pour un premier exemple de cette vision, voir : Canada, Documents de la Session 1885, numéro 116, volume 13, Troisième session du cinquième parlement, 82-83, Mémoire: Hugh Richardson, 1er décembre 1879.
5. Pour une étude détaillée de cette question : Chartrand, Logan et Daniels, *Histoire et expériences des Métis*.
6. Levin, *Angélique Nolin and Marguerite Nolin*, 2–3; Graham, *Memorable Manitobans: Angelique Nolin (? – 1869)*, http://www.mhs.mb.ca/docs/people/nolin_a.shtml (consulté le 14 janvier 2012). Voir aussi : Chaput, « Nolin, Jean-Baptiste », http://www.biographi.ca/fr/bio/nolin_jean_baptiste_1826_6E.html (consulté le 14 janvier 2012); Chartrand, *Métis Residential School Participation*, 32; Daniels, *Ancestral Pain*, 114; Reardon, *George Anthony Belcourt*, 75–89; Lemieux, «Provencher, Joseph-Norbert », http://www.biographi.ca/fr/bio/provencher_joseph_norbert_8F.html (consulté le 14 janvier 2012).
7. Beaumont, *Origins and Influences*, 167–168, 169, 183–184, 189; Bibliothèque et Archives Canada, RG15DII8a, volume 1319, FIND015/31496, MIKAN no. 1499849, *Scrip affidavit for Budd, Alice*, H.M., born: 19 September, 1862; father: Henry Budd; mother: Elizabeth Budd = Demande de certificat pour Budd, Alice, H.M.; né(e) : le 19 septembre 1862; père : Henry Budd; mère : Elizabeth Budd, *a scrip for Henry Budd's daughter*. Voir aussi : Boom, « Budd, Henry », http://www.biographi.ca/fr/bio/budd_henry_10F.html (consulté le 5 décembre 2011); Thomas, « Settee, James », http://www.biographi.ca/fr/bio/settee_james_13F.html (consulté le 9 décembre 2011); West, *Substance of a journal*, 96; Archives de la Compagnie de la Baie d'Hudson, Feuillets biographiques, *Hope, James*, http://www.gov.mb.ca/chc/archives/hbca/biographical/h/hope_james.pdf (consulté le 19 janvier 2012); Stevenson, *The Red River Indian Mission School*, 129–165; Stevenson, *Journals and Voices*, 41.
8. Prud'homme, *The Life and Times of Archbishop Taché*, http://www.mhs.mb.ca/docs/transactions/3/tache.shtml (consulté le 28 janvier 2012); Erickson, *Repositioning the Missionary*, 120.
9. Van West, *Acculturation by Design*, 93.
10. Erickson, *Repositioning the Missionary*, 115–116.

La vie des étudiants

1. Bird, *Living Kindness,* p. 5.
2. Bird, *Living Kindness,* p. 10.
3. Bird, *Living Kindness,* p. 7–8.
4. Bird, *Living Kindness,* p. 11.
5. Bird, *Living Kindness,* p. 11.
6. Bird, *Living Kindness,* p. 13.
7. Bird, *Living Kindness,* p. 13.
8. Bird, *Living Kindness,* p. 19.
9. Bird, *Living Kindness,* p. 21.
10. Bird, *Living Kindness,* p. 20.
11. Bird, *Living Kindness,* p. 24.
12. Bird, *Living Kindness,* p. 34.
13. Bird, *Living Kindness,* p. 85.
14. Bird, *Living Kindness,* p. 87.
15. Bird, *Living Kindness, p.* 79.
16. Bird, *Living Kindness,* p. 81.
17. Campbell, *Halfbreed,* 12–13; *Encyclopedia of Immigration, Dominion Lands Act* (Canada) (1872), http://immigration-online.org/88-dominion-lands-act-canada1872.html (consulté le 12 juillet 2013).
18. Campbell, *Halfbreed,* p. 17.
19. Campbell, *Halfbreed,* p. 14–15, 18.
20. Campbell, *Halfbreed,* p. 31.
21. Campbell, *Halfbreed,* p. 44.
22. Campbell, *Halfbreed,* p. 44.
23. Campbell, *Halfbreed,* p. 46.
24. Campbell, *Halfbreed,* p. 46.
25. Campbell, *Halfbreed,* p. 77.
26. Campbell, *Halfbreed,* p. 47.
27. Dempsey, *Gentle Persuader,* p. 1–10, 21.
28. Dempsey, *Gentle Persuader,* p. 12.
29. Dempsey, *Gentle Persuader,* p. 14.
30. Gladstone, *Indian School Days,* p. 19.
31. Dempsey, *Gentle Persuader,* p. 16–17.
32. Dempsey, *Gentle Persuader,* 19.
33. Gladstone, *Indian School Days,* p. 21–22.
34. Gladstone, *Indian School Days,* p. 22.
35. Gladstone, *Indian School Days,* p. 22–23.
36. Dempsey, *Gentle Persuader,* p. 37, 53–60.

Les Métis et les débuts du système des pensionnats : 1883–1910

1. Davin, *Report on Industrial Schools*, p. 9.
2. Flanagan, «Hugh Richardson», http://www.biographi.ca/fr/bio/richardson_ hugh_1826_1913_14F.html (consulté le 1er août 2012).
3. Canada, Documents de la Session 1885, numéro 116, volume 13, Troisième session du cinquième parlement, p. 82-83, Mémoire : Hugh Richardson, 1er décembre 1879.
4. Bibliothèque et Archives Canada, RG10, volume 3674, dossier 11422-1, E. Dewdney au surintendant général du ministère des Affaires indiennes, 10 novembre 1884.
5. Huel, *Proclaiming the Gospel*, p. 130.
6. CVR, ARN, Bibliothèque et Archives Canada, RG10, volume 3675, dossier 114224, E. Dewdney au surintendant général du ministère des Affaires indiennes, 27 février 1886. [PLD-009190]
7. Canada, Rapport annuel du ministère des Affaires indiennes, 1893, p. 114.
8. Canada, Rapport annuel du ministère des Affaires indiennes, 1889, p. 120.
9. Marceau-Kozicki, *Onion Lake Residential Schools*, p. 60.
10. CVR, ARN, Bibliothèque et Archives Canada, RG10, volume 6320, dossier 658-1, partie 1, J. R. Matheson à Hayter Reed, 18 février 1895. [PAR-003580-0001]
11. Marceau-Kozicki, *Onion Lake Residential Schools*, p. 60–61.
12. Marceau-Kozicki, *Onion Lake Residential Schools*, p. 63.
13. Redford, *Attendance at Indian Residential Schools*, p. 38.
14. Canada, Rapport annuel du ministère des Affaires indiennes, 1893, p. 249.
15. CVR, ARN, Bibliothèque et Archives Canada, RG10, volume 6255, dossier 576-1, partie 1, John Semmens à E. McColl, 4 avril 1895. [BRS-000177]
16. Canada, Rapport annuel du ministère des Affaires indiennes, 1898, 332.
17. Bibliothèque et Archives Canada, RG10, volume 6031, « Headquarters – Admission of Half-breeds to Residential Schools », Saskatchewan and Calgary School Division, lettre au ministère des Affaires indiennes, 21 juillet 1896, citée dans Logan, *Lost Generations*, p. 71.
18. Canada, Rapport annuel du ministère des Affaires indiennes, 1899, p. 356.
19. Bibliothèque et Archives Canada, RG10, volume 6031, extrait d'une lettre du révérend père Hugonard datée du 19 juillet 1899.
20. Carney, *Relations in Education*, p. 32; McCarthy, *From the Great River*, p. 174–175.
21. CVR, ARN, Bibliothèque et Archives Canada, RG10, volume 3952, dossier 134858, E. Grouard au premier ministre, 1er octobre 1900. [FPU-001900]
22. CVR, ARN, Bibliothèque et Archives Canada, R77605 (RG55), volume 562, C.T. n° 252440, Clifford Sifton à M. Smart, 18 octobre 1899. [NPC-523981c]
23. Drouin, *Joyau dans la plaine*, p. 4-7; Devine, *People Who Own Themselves*, p. 184. Voir aussi : Pocklington, *Government and Politics*, p. 8.
24. Bibliothèque et Archives Canada, RG15, DII1, volume 708, dossier 366530, partie 1, Albert Lacombe, « A Philanthropic Plan to Redeem the Half-Breeds of Manitoba and the Northwest Territories ».
25. Bibliothèque et Archives Canada, RG15, D-II1, volume 708, dossier 360530, PC n° 3723, Extrait d'un rapport du Comité du Bureau du Conseil privé, approuvé par Son Excellence le 28 décembre 1895; Annexe A au C.P. n° 3723, 12 décembre 1895.
26. Stanley, *Alberta's Half-Breed Reserve*, p. 82.
27. Stanley, *Alberta's Half-Breed Reserve*, p. 83.
28. Bibliothèque et Archives Canada, RG15, volume 708, dossier 360-530, « To My Dear Children and Friends Half-Breeds of Manitoba and the North-West », A. Lacombe.

29. Stanley, *Alberta's Half-Breed Reserve*, p. 84–87, 88n45; Metis Association of Alberta, et al., *Metis Land Rights*, p. 168, 170.

30. Bibliothèque et Archives Canada, RG10, volume 3984, dossier 1677191, FIND010/25053, MIKAN n°2058744, J. A. Thérien à Smart, 17 février 1898.

31. Bibliothèque et Archives Canada, RG10, volume 3984, dossier 1677191, FIND010/25053, MIKAN n° 2058744, J. A. Thérien à Smart, 17 février 1898.

32. Bibliothèque et Archives Canada, LG15, volume 708, DII1, dossier 360530, J. E. Thérien à C. Sifton, 1er février 1901.

33. Bibliothèque et Archives Canada, RG10, volume 3984, dossier 1677191, FIND010/25053, MIKAN n° 2058744, H. C. Ross au secrétaire, 9 mars 1898.

34. Bibliothèque et Archives Canada, RG15, DII1, volume 708, dossier 360530, J. Smart à F. Pedley, 13 octobre 1898; A. A. Ruttan au secrétaire, ministère de l'Intérieur, janvier 1899.

35. Bibliothèque et Archives Canada, RG15, DII1, volume 708, dossier 360530, J. E. Thérien à C. Sifton, 1er février 1901.

36. Stanley, *Alberta's Half-Breed Reserve*, p. 86–87.

37. Stanley, *Alberta's Half-Breed Reserve*, p. 93.

38. Oblats de Marie Immaculée Lacombe Canada, Archives provinciales de Grandin, acquisition 71.200, boîte 132, dossier 5737, Louis Guillaume au père provincial, 12 avril 1942.

39. Stanley, *Alberta's Half-Breed Reserve*, 98.

40. Oblats de Marie Immaculée Lacombe Canada, Archives provinciales de Grandin, acquisition 71.200, boîte 132, dossier 5737, Louis Guillaume au père provincial, 12 avril 1942.

41. Stanley, *Alberta's Half-Breed Reserve*, p. 100–104.

Quarante ans de politique à l'aveuglette : 1899–1937

1. Bibliothèque et Archives Canada, RG10, volume 3931, dossier 117377-1C, D. Laird au secrétaire, ministère des Affaires indiennes, 15 août 1900.

2. CVR, ARN, Bibliothèque et Archives Canada, RG10, volume 6197, dossier 465-1, partie 1, Martin Benson au surintendant général adjoint, ministère des Affaires indiennes, 30 novembre 1906. [KNR-000624]

3. CVR, ARN, Bibliothèque et Archives Canada, RG10, volume 6197, dossier 4651, partie 1, J. D. McLean au directeur du pensionnat de Kenora, 7 janvier 1907. [KNR-000628]

4. Bibliothèque et Archives Canada, RG10, volume 6031, dossier 150-9, partie 1, extrait du mémorandum de D. C. Scott, agent comptable, daté du 11 décembre 1906, au surintendant général adjoint, relatif à l'admission des Métis dans les écoles indiennes.

5. Bibliothèque et Archives Canada, RG10, volume 6320, dossier 658-1, partie 1, bobine de microfilm C-9802, M. Benson au surintendant général adjoint, ministère des Affaires indiennes, 6 mai 1906. [120.00280]

6. Titley, *Dunbow Indian Industrial School*, p. 104.

7. Titley, *Dunbow Indian Industrial School*, p. 107–108.

8. Archives de l'Église Unie, documents de A. Sutherland, Missions indiennes des provinces des Prairies, école industrielle de Red Deer, janvier-mars 1909, A. Barner, directeur, boîte 134, A. Barner à A. Sutherland, 24 mars 1909, cité dans Fox, *Failure of Red Deer Industrial School*, p. 92.

9. Archives de l'Église Unie, documents de A. Sutherland, Missions indiennes des provinces des Prairies, école industrielle de Red Deer, avril 1909–1910, A. Barner, directeur, boîte 135, D. C. Scott à A. Sutherland, 10 mai 1909, cité dans Fox, *Failure of Red Deer Industrial School*, p. 92.

10. Canada, Rapport annuel du ministère des Affaires indiennes, 1910, p. 277–278.

11. CVR, ARN, Bibliothèque et Archives Canada, RG10, volume 6039, dossier 160-1, partie 1, « Agreement in Regard to the Management of Indian Boarding Schools and Correspondence Relating Thereto, 1911 », p. 7. [UCA-080784]

12. CVR, ARN, Bibliothèque et Archives Canada, RG10, volume 6327, dossier 660-1, partie 1, J. D. McLean à J. A. Calder, 18 janvier 1911. [PLD-007440]

13. Bibliothèque et Archives Canada, RG10, volume 7184, dossier 1/25-1-5-7, partie 1, sous-ministre adjoint et secrétaire aux agents des Indiens, 20 mars 1911.

14. Bibliothèque et Archives Canada, RG10, volume 7184, dossier 1/25-1-5-7, partie 1, J. P. G. Day à D. McLean, 31 mars 1911.

15. Bibliothèque et Archives Canada, RG10, volume 6031, dossier 150-9, partie 1, J. A. J. McKenna, 9 novembre 1911.

16. Canada, Rapport annuel du ministère des Affaires indiennes, 1912, p. 547.

17. Bibliothèque et Archives Canada, RG10, volume 6031, dossier 150-9, partie 1, Frank Pedley à M. Rogers, 2 mai 1912.

18. Huel, *Proclaiming the Gospel,* p. 161.

19. Moine, *My Life in a Residential School*, s.l.

20. Moine, *My Life in a Residential School*, s.l.

21. CVR, ARN, Bibliothèque et Archives Canada, RG10, volume 6327, dossier 660-1, partie 1, J. Hugonnard au secrétaire, ministère des Affaires indiennes, 18 janvier 1913. [PLD-007446]

22. CVR, ARN, Administration centrale 777/25-1-007, 02/13–03/65, volume 1, HQ, E. Grouard au surintendant général, ministère des Affaires indiennes, 18 janvier 1913. [JRD-000206]

23. Bibliothèque et Archives Canada, RG10, volume 6031, dossier 150-9, partie 1, Duncan Campbell Scott, mémorandum, 16 octobre 1913.

24. Devine, *People Who Own Themselves*, p. 172–174.

25. Marceau-Kozicki, *Onion Lake Residential Schools*, p. 137–138.

26. CVR, ARN, Bibliothèque et Archives Canada, RG10, volume 6300, dossier 650-1, partie 1, Augustus Ball au ministère des Affaires indiennes, 1er juin 1908. [BVL-000794]

27. CVR, ARN, Bibliothèque et Archives Canada, RG10, volume 6300, dossier 650-1, partie 1, sous-ministre adjoint et secrétaire à Augustus Ball, 14 juin 1918. [BVL-000795]

28. Bibliothèque et Archives Canada, RG10, volume 6031, dossier 150-9, partie 1, W. M. Graham à Duncan Scott, 29 octobre 1921.

29. Canada, Rapport annuel du ministère des Affaires indiennes, 1921, p. 27.

30. Voir : Article nécrologique, St. Pierre-Mrs. Mary http://baileysfuneralhome.com/book-of-memories/1488588/Pierre-Mary/obituary.php?Printable=true.

31. Mary St. Pierre, citée en entrevue, « Norm Fleury (NF) Interview – Mary St. Pierre », http://www.metismuseum.ca/resource.php/01194, 2.

32. Mary St. Pierre, citée en entrevue, « Norm Fleury (NF) Interview – Mary St. Pierre », http://www.metismuseum.ca/resource.php/01194, p. 2–3.

33. CVR, ARN, Bibliothèque et Archives Canada, RG10, volume 6300, dossier 650-1, partie 1, A. F. MacKenzie au révérend M. Lajeunesse, 17 septembre 1925. [200.4.00023]

34. CVR, ARN, Bibliothèque et Archives Canada, RG10, volume 6300, dossier 650-1, partie 1, Martin Lajeunesse à A. F. MacKenzie, 17 octobre 1925. [BVL-000867]

35. CVR, ARN, Bibliothèque et Archives Canada, RG10, volume 6300, dossier 650-1, partie 1, J. D. McLean au révérend M. Lajeunesse, 17 septembre 1925. [BVL-0008690001]

36. CVR, ARN, Bibliothèque et Archives Canada, RG10, volume 6300, dossier 650-1, partie 1, J. D. McLean au révérend M. Adam, 17 décembre 1928. [BVL-000894]

37. CVR, ARN, Bibliothèque et Archives Canada, RG10, volume 6300, dossier 650-1, partie 1, Martin Lajeunesse, mémorandum, « Re: Admission of Half-breed children into the school », 21 janvier 1929. [BVL-000896]

38. Archives provinciales de l'Alberta, Oblats de Marie Immaculée, paroisses non inventoriées, boîte de la correspondance de 1922 à 1929, Christianson à Le Vern, 28 août 1934, cité dans Huel, *Proclaiming the Gospel*, 162.

39. CVR, ARN, Bibliothèque et Archives Canada, RG10, volume 6323, dossier 658-10, partie 3, W. M. Graham au secrétaire du ministère des Affaires indiennes, 16 décembre 1929. [PAR-020862]

40. Bibliothèque et Archives Canada, RG10, volume 6323, dossier 658-10, partie 3, W. M. Graham au secrétaire du ministère des Affaires indiennes, 5 décembre 1929.

41. Marceau-Kozicki, *Onion Lake Residential Schools*, p. 174.

42. Bibliothèque et Archives Canada, RG10, volume 6031, dossier 159-9, partie 1, Duncan C. Scott au père Rieu, 31 mai 1930.

43. CVR, ARN, aucun emplacement de document, aucun dossier source de document, Évêque de Grouard à J. J. McLellan, 3 mars 1935. [GMA-005047]

44. CVR, ARN, Bibliothèque et Archives Canada, RG10, volume 6258, dossier 576-10, partie 9, D. Robinson à T. A. Crerar, 20 février 1936. [NCA-011510-0001]

45. CVR, ARN, Bibliothèque et Archives Canada, RG10, volume 6258, dossier 576-10, partie 9, A. F. MacKenzie à D. Robinson, 10 mars 1936. [AEMR-010749]

46. Archives provinciales de l'Alberta, NA 75.75, boîte 2, dossier 8:23, Malcolm Norris, cité dans Daniels, *Ancestral Pain*, 141.

47. Wall, *Joseph Francis Dion*, http://www.ualberta.ca/~walld/dion.html (consulté le 23 mars 2012).

48. « Alberta Métis Settlements », http://www.ualberta.ca/~walld/ab2introsketch.html (consulté le 23 mars 2012).

49. Dobbin, *One and a Half Men,* p. 91–100.

50. « Reports, Evidence, etc., re: the Report of the Royal Commission to Investigate the Conditions of the Half-Breed Population of Alberta, Edmonton, Department of Lands and Forest, 1935, 543 » cité dans Dobbin, *One and a Half Men,* p. 100.

51. Alberta et Ewing, *Report of the Royal Commission*, p. 6–7.

52. « Report of the Royal Commission Appointed to Investigate the Conditions of the Half-Breed Population of Alberta », 1936, 6–7, tel que cité dans Chartrand, *Métis Residential School Participation*, p. 41.

53. Alberta et Ewing, *Report of the Royal Commission,* p. 11–14.

54. Martin, *Alberta Métis Settlements*, p. 360–361.

55. Pocklington, *Government and Politics,* p. 73.

56. Pocklington, *Government and Politics,* p. 25–26.

57. CVR, ARN, Bibliothèque et Archives Canada, RG85, volume 938, dossier 12497, « St. Paul's Hostel – Dawson Yukon Territory, 1941–1943 », T. R. L. MacInnes aux inspecteurs, aux agents des Indiens et aux directeurs des pensionnats, 10 décembre 1937. [DAW-000024]

58. CVR, ARN, Bibliothèque et Archives Canada, RG85, volume 938, dossier 12497, « St. Paul's Hostel – Dawson Yukon Territory, 1941–1943 », T. R. L. MacInnes aux inspecteurs, aux agents des Indiens et aux directeurs des pensionnats, 10 décembre 1937. [DAW-000024]

L'Île-à-la-Crosse

1. Armour, «Henry, Alexander »,http://www.biographi.ca/fr/bio/henry_alexander_1739_1824_6F.html (consulté le 30 décembre 2011); McLennan, *Ileala-Crosse*, http://esask.uregina.ca/entry/ile-a-la-crosse.html (consulté le 4 novembre 2014).

2. Foster, « Auld, William », http://www.biographi.ca/fr/bio/auld_william_6F.html (consulté le 24 décembre 2011).

3. Champagne, *Les missions catholiques,* 78n28; Foran, *Les Gens de Cette Place*, p. 36–37.

4. Foran, *Les Gens de Cette Place*, p. 105–106, 203.

5. McLennan, *Île-à-la-Crosse*, http://esask.uregina.ca/entry/ile-a-la-crosse.html (consulté le 22 décembre 2011); Foran, *Les Gens de Cette Place*, 41. Selmer Ausland, *Chateau Saint-Jean ... Black Robes and Grey Dresses*, [partie 1], site Web Memories of Deep River, http://www.jkcc.com/robes.html (consulté le 1er janvier 2012).

6. Selmer Ausland, *Arrival of the Grey Nuns*, site Web Memories of Deep River, http://www.jkcc.com/rcnuns.html (consulté le 23 décembre 2011).

7. Bibliothèque et Archives Canada, RG10, volume 3666, dossier 10125, « Ile-a-la-Crosse Agency – Reverend Mr. Legard's [sic: Legeard's] Report on the School at Ile-a-la-Crosse », (1878), articles 2, 8, copie d'une lettre de Prosper Legeard, Îleàla-Crosse, 25 mars 1878, à David Laird, lieutenant-gouverneur T.N.O., à Battleford.

8. Foran, *Les Gens de Cette Place*, 57, 58. Voir aussi : Selmer Ausland, *Arrival of the Grey Nuns*, http://www.jkcc.com/rcnuns.html (consulté le 23 décembre 2011).

9. Foran, *Les Gens de Cette Place*, p. 60.

10. Foran, *Les Gens de Cette Place*, p. 151–152.

11. Canada, Rapport annuel du ministère des Affaires indiennes, 1882, p, 215; BAC, RG10, volume 3666, « Ileala-Crosse Agency – Reverend Mr. Legard's Report », article 3. Le premier superviseur des garçons résidents était le frère laïc oblat Louis Dubé.

12. Foran, *Les Gens de Cette Place*, p. 154.

13. Foran, *Les Gens de Cette Place*, p. 156.

14. Foran, *Les Gens de Cette Place*, 157.

15. Foran, *Les Gens de Cette Place*, p. 74, 118, 124, 125, 127, 157–158, 161.

16. Foran, *Les Gens de Cette Place*, p. 158.

17. Bibliothèque et Archives Canada, RG10, volume 3666, « Ile-a-la-Crosse Agency – Reverend Mr. Legard's Report », articles 3, 4; Selmer Ausland, *Arrival of the Grey Nuns*, http://www.jkcc.com/rcnuns.html (consulté le 23 décembre 2011).

18. Foran, *Les Gens de Cette Place*, p, 183.

19. Foran, *Les Gens de Cette Place*, p. 183–184.

20. Bibliothèque et Archives Canada, RG10, volume 3666, « Ile-a-la-Crosse Agency – Reverend Mr. Legard's Report », articles, p. 10.

21. Foran, *Les Gens de Cette Place*, p. 187–188.

22. Foran, *Les Gens de Cette Place*, p. 161.

23. Archives provinciales du Manitoba, Documents de Riel, Sara Riel à Louis Riel, 6 août 1874, cité dans Erickson, *Bury Our Sorrows*, p. 34–35.

24. Erickson, *Bury Our Sorrows*, 33, 38.

25. Canada, Rapport annuel du ministère des Affaires indiennes,, 1883, p. 188–189.

26. Canada, Rapport annuel du ministère des Affaires indiennes, 1908. Partie II, page 54, dans un tableau, identifie le Lac la Plonge comme « Autrefois le pensionnat de l'Ile à la Crosse ».

27. Selmer Ausland, *Chateau Saint-Jean*, partie 1, http://www.jkcc.com/robes.html (consulté le 1er janvier 2012); Selmer Ausland, *Arrival of the Grey Nuns*, http://www.jkcc.com/rcnuns.html (consulté le 23 décembre 2011).

28. Selmer Ausland, *Chateau Saint-Jean*, partie 1, http://www.jkcc.com/robes.html (consulté le 1er janvier 2012).

29. Selmer Ausland, *Chateau Saint-Jean*, partie 1, http://www.jkcc.com/robes.html (consulté le 1er janvier 2012).

30. Arcand, citée dans Selmer Ausland, *Les Metisse*, partie 2, http://www.jkcc.com/motherstwo. html (consulté le 1er janvier 2012).

31. Lariviere et Arcand, cités dans Selmer Ausland, *Les Metisse*, http://www.jkcc.com/ motherstwo.html (consulté le 1er janvier 2012).

32. Arcand, citée dans Selmer Ausland, *Les Metisse*, partie 2, http://www.jkcc.com/motherstwo. html (consulté le 1er janvier 2012).

33. Arcand, citée dans Selmer Ausland, *Les Metisse*, partie 2, http://www.jkcc.com/motherstwo. html (consulté le 1er janvier 2012).

34. Selmer Ausland, *Arrival of the Grey Nuns*, http://www.jkcc.com/rcnuns.html (consulté le 23 décembre 2011).

35. Selmer Ausland, *Arrival of the Grey Nuns*, http://www.jkcc.com/rcnuns.html (consulté le 23 décembre 2011).

36. Quiring, *CCF Colonialism,* p. 242–244; Barron, *Walking in Indian Moccasins,* p. 159.

37. Selmer Ausland, *Arrival of the Grey Nuns*, http://www.jkcc.com/rcnuns.html (consulté le 23 décembre 2011).

38. Selmer Ausland, *Hospital Buildings and Health Care*, http://www.jkcc.com/rchospital.html (consulté le 6 janvier 2012); Selmer Ausland, *Arrival of the Grey Nuns*, http://www.jkcc.com/ rcnuns.html (consulté le 23 décembre 2011).

39. Quiring, *CCF Colonialism,* p. 244.

40. Selmer Ausland, *Hospital Buildings and Health Care*, http://www.jkcc.com/rchospital. html (consulté le 6 janvier 2012); Selmer Ausland, *Arrival of the Grey Nuns*, http://www. jkcc.com/rcnuns.html (consulté le 23 décembre 2011); « History of Language Instructions in Ileala-Crosse, Saskatchewan », site culturel de Sakitawak, http://216.174.135.221/michif/ michiflanguage.html (consulté le 3 janvier 2012).

41. Blakeney, *An Honourable Calling*, 110; Selmer Ausland, *Ile-A-La-Crosse celebrates Bi-Centennial, Courtesy of 'DENOSA',* http://www.jkcc.com/invaintwo.html (consulté le 6 janvier 2012).

L'éducation dans les pensionnats métis du Nord

1. Carney, *Relations in Education*, p. 280–284.
2. Coates et Morrison, *Land of the Midnight Sun*, 219–220 (pour des exemples de l'enseignement dispensé par l'Église, voir : p. 213–215, 220).
3. Coates, *Betwixt and Between*, p. 151–152.
4. Peake, *Bishop Who Ate His Boots*, p. 106, 108.
5. CVR, ARN, Fonds anglican du Diocèse du Yukon, Archives du Yukon, COR 255, dossier 15, série 1.1, Église anglicane, W. W. Williams à l'évêque, 18 juillet 1919. [DAW-000449]
6. Peake, *Bishop Who Ate His Boots,* p. 108.
7. CVR, ARN, Bibliothèque et Archives Canada, RG10, volume 6481, dossier 941-1, partie 1, Isaac Stringer à Duncan C. Scott, 31 janvier 1922. [DAW-000274]
8. CVR, ARN, Bibliothèque et Archives Canada, RG10, volume 6481, dossier 941-1, partie 1, secrétaire général, Société missionnaire de l'Église d'Angleterre du Canada à D. C. Scott, 15 septembre 1922. [DAW-000288]
9. CVR, ARN, Bibliothèque et Archives Canada, RG10, volume 6481, dossier 941-1, partie 1, greffier du Conseil privé, Rapport du comité du Conseil privé, 11 janvier 1923. [DAW-000300]
10. CVR, ARN, Fonds anglican du Diocèse du Yukon, Archives du Yukon, COR 253, dossier 14, série 1.1, Église anglicane, I. O. Stringer à E. J. Naftel, 7 août 1923. [DAW-000443]
11. CVR, ARN, Bibliothèque et Archives Canada, RG10, volume 6481, dossier 941-1, partie 1, John Hawksley à J. D. McLean, 4 octobre 1922. [DAW-000289]
12. CVR, ARN, Fonds anglican du Diocèse du Yukon, Archives du Yukon, COR 253, dossier 14, série 1.1, Église anglicane, C. F. Johnson à I. O. Stringer, 6 septembre 1926. [DAW-000251-0004]
13. CVR, ARN, Fonds anglican du Diocèse du Yukon, Archives du Yukon, COR 253, dossier 14, série 1.1, Église anglicane, C. F. Johnson à I. O. Stringer, 3 octobre 1926; [DAW-000251-0005] I. O. Stringer à C. F. Johnson, 28 décembre 1926. [DAW-000251-0008]
14. CVR, ARN, Fonds anglican du Diocèse du Yukon, Archives du Yukon, dossier 11, volume 3, résidence de Dawson City, 1922–1934, Église anglicane – dossiers du Diocèse du Yukon, COR 252, [boîte 4] série 11A, C. F. Johnson à I. O. Stringer, 3 octobre 1927. [DAW-000251-0015]
15. CVR, ARN, Fonds anglican du Diocèse du Yukon, Archives du Yukon, dossier 11, volume 3, résidence de Dawson City, 1922–1934, Église anglicane – dossiers du Diocèse du Yukon, COR 252, [boîte 4] série 11A, C. F. Johnson à I. O. Stringer, 25 novembre 1927. [DAW-000251-0018]
16. CVR, ARN, Bibliothèque et Archives Canada – Ottawa, dossier 10227, Institutionalisation à la résidence St. Paul's, Dawson, Territoire du Yukon, 1939, N° d'inst. de recherche 85-44, volume perm. 902, Rapport de la Gendarmerie royale du Canada, W. W. Sutherland, 5 juin 1939. [DAW-000550-0003]
17. CVR, ARN, Bibliothèque et Archives Canada, RG85, volume 938, dossier 12497, résidence St. Paul's – Dawson, Territoire du Yukon, 1941–1943, R. A. Hoey à Harold McGill, 23 janvier 1942. [DAW-000027-0001]
18. CVR, ARN, Bibliothèque et Archives Canada, RG85, volume 938, dossier 12497, résidence St. Paul's – Dawson, Territoire du Yukon, 1941–1943, R. A. Gibson à J. A. Jackell, 19 mars 1942. [DAW-000032]
19. CVR, ARN, Bibliothèque et Archives Canada, RG85, volume 938, dossier 12497, résidence St. Paul's – Dawson, Territoire du Yukon, 1941–1943, J. A. Jackell à R. A. Gibson, 24 juillet 1942; [DAW-000037] Bureau of Northwest Territories and Yukon Affairs, mémorandum à M. Cumming, 5 mai 1943. [DAW-000053]

20. CVR, ARN, Fonds anglican du Diocèse du Yukon, Archives du Yukon, COR 295, dossier 2, 1944–1952, série III.3.c, Église anglicane, dossiers du Diocèse du Yukon, surveillante à Miss E. Adams, 15 mars 1949. [DAW-000133]

21. CVR. ARN, Fonds anglican du Diocèse du Yukon, Archives du Yukon, COR 295, dossier 4, 1946–1952, série III.3.c, Église anglicane, dossiers du Diocèse du Yukon, lettre non signée à B. Catteral, 14 janvier 1952. [DAW-000204]

22. CVR. ARN, résidence St Paul's, Dawson City, Yukon TC, IAP Hostel Narrative, sans date, 9. [Nar-000077]

23. CVR. ARN, Fonds anglican du Diocèse du Yukon, Archives du Yukon, COR 295, dossier 2, 1944–1952, série III.3.c, Église anglicane, dossiers du Diocèse du Yukon, [illisible] à A. H. Gibson, 18 octobre 1950. [DAW-000172]

24. CVR. ARN, Bibliothèque et Archives Canada, RG10, volume 8762, dossier 906/25-1-001, R. J. Meek à la Division des affaires indiennes, 4 février 1954. [YKS-000750]

25. CVR. ARN, Fonds anglican du Diocèse du Yukon, Archives du Yukon, COR 295, dossier 4, 1946–1952, série III.3.c, Église anglicane, dossiers du Diocèse du Yukon, lettre non signée à B. Catteral, 14 janvier 1952. [DAW-000204]

26. CVR, ARN, Église anglicane du Canada, Archives du Synode général, Northern Lights, Église anglicane du Canada, Northern Lights, numéro 2, nouvelle édition, mai 1953, p. 3–4. [DYK-201507]

27. CVR, ARN, Église anglicane du Canada, Archives du Synode général, Northern Lights, Église anglicane du Canada, « Something Attempted », Northern Lights, numéro 6, nouvelle édition, novembre 1954, p. 3. [DYK-201511] Pour les origines en tant que baraque de l'armée, voir : « Fire Completely Destroys St. Agnes Hostel », Northern Lights, numéro 40, printemps 1947, p. 20. [DYK-201546]

28. CVR, ARN, Bibliothèque et Archives Canada, RG85, volume 1241, dossier 311/200G, partie 3, « School Buildings – Whitehorse, Y.T., [Construction and Maintenance], 1954–1955 », Harry Thompson, rapport à W. G. Brown, commissaire du Territoire du Yukon, « Dormitory Accommodation in Whitehorse for Yukon School Children », 7 mai 1955. [BAP-001338]

29. CVR, ARN, Fonds anglican du Diocèse du Yukon, Archives du Yukon, dossier 3, « Indian Department, 1946–1959 », Église anglicane – dossiers du Diocèse du Yukon [boîte 14], série I-I1.c, fichier 3 de 18, COR 262, rapport anglican non signé, 7 avril 1955. [DYK-010139]

30. CVR, ARN, Église anglicane du Canada, Archives du Synode général, Northern Lights, « Clara Tizya, Life Member », Northern Lights, numéro 38, été 1966, p. 10. [DYK-201544]

31. CVR, ARN, AINC – Secteur de la résolution – Collection des dossiers historiques des pensionnats indiens – Ottawa, 853/113, 1965–1967, volume 2, E. W. Johnson à Mme J. Lumley, 19 juillet 1966. [YKS-003122]

32. CVR, ARN, Bibliothèque et Archives Canada, RG85, volume perm. 1877, dossier 630/101-3, partie 1, « R.C. School Day Resolution, 1905–1944 », N° d'inst. de recherche 85-8, G. Breynat à O. S. Finnie, 30 juin 1921. [RCN-001564-0008]

33. CVR, ARN, Bibliothèque et Archives Canada, RG85, volume perm. 1877, dossier 630/101-3, partie 1, « R.C. School Day Resolution, 1905–1944 », N° d'inst. de recherche 85-8, Duncan Campbell Scott à J. P. Dunne, 30 septembre 1921. [RCN-001565-0000]

34. CVR, ARN, Bibliothèque et Archives Canada, RG10, volume 6475, dossier 918-1, partie 1, O. S. Finnie à N. W. Cory, 17 août 1921. [FPU-000092] Pour la création de la Division des Territoires du Nord-Ouest et du poste de Finnie en tant que directeur, voir : Dickerson, *Whose North?*, p. 31.

35. Carney, *Relations in Education*, p. 223, 254.

36. Carney, *Relations in Education*, p. 239.

37. CVR, ARN, Bibliothèque et Archives Canada, RG85, volume perm. 1879, dossier 630/109-2, partie 2, « Indian Boarding School/Hay River/St. Peter's Mission Day School, 1924–1932 », N° d'inst. de recherche 858, J. D. McLean à A. J. Vale, 17 décembre 1925. [HRU-000391-0001]

38. CVR, ARN, Bibliothèque et Archives Canada, RG85, volume perm. 1877, dossier 630/101-3, partie 1, « R.C. School Day Resolution, 1905–1944 », N° d'inst. de recherche 858, G. Breynat à O. S. Finnie, 22 janvier 1929. [RCN-001598-0004]

39. CVR, ARN, Bibliothèque et Archives Canada, RG85, volume perm. 1877, dossier 630/101-3, partie 1, « R.C. School Day Resolution, 1905–1944 », N° d'inst. de recherche 858, O. S. Finnie à D. C. Scott, 19 février 1929. [RCN-001598-0000]

40. CVR, ARN, Bibliothèque et Archives Canada – Ottawa, RG85, volume perm. 1877, dossier 630/101-3, partie 1, « R.C. School Day Resolution, 1905–1944 », N° d'inst. de recherche 858, Président, Conseil des terres fédérales, ministère de l'Intérieur, Administration des terres fédérales à H. H. Rowatt, 23 septembre 1933. [RCN-001623-0001]

41. CVR, ARN, Bibliothèque et Archives Canada, RG85, volume 1505, dossier 600-1-1, partie 1, « N.W.T. – General Policy File – Education and Schools, 1905–1944 », J. Turner à R. A. Gibson, 15 février 1935. [FRU-000540]

42. CVR, ARN, Bibliothèque et Archives Canada, RG85, volume perm. 1883, dossier 630/219-2, partie 3, « Shingle Point Anglican School 1935–1936 », N° d'inst. de recherche 858, R. A. Gibson à J. Lorne Turner, 2 février 1935. [SPU-000278]

43. CVR, ARN, Bibliothèque et Archives Canada – Ottawa, RG85, volume perm. 1877, dossier 630/101-3, partie 1, « R.C. School Day Resolution, 1905–1944 », N° d'inst. de recherche 858, Évêque G. Breynat à Roy A. Gibson, 30 juin 1941. [RCN-001697-0002]

44. CVR, ARN, Bibliothèque et Archives Canada – Ottawa, RG85, volume perm. 1877, dossier 630/101-3, partie 1, « R.C. School Day Resolution, 1905–1944 », N° d'inst. de recherche 858, R. A. Gibson à G. Breynat, 4 juillet 1941. [RCN-001697-0001]

45. Fumoleau, *As Long as This Land Shall Last*, p. 368.

46. CVR, ARN, RG85, volume 225, dossier 630/118-1, partie 1, « Government School – Fort McPherson – N.W.T., 1900–1950 », A. L. Fleming à R. A. Gibson, 15 mai 1944. [ASU-001449]

La responsabilité provinciale : 1940–1960

1. Saskatchewan Archives Board Education File, Add 2 file #48; Correspondence, Re: Metis, Saskatoon, University of Saskatchewan, cité dans Logan, *We Were Outsiders*, p. 68.

2. Saskatchewan Archives Board Education File, Add 2 file #48; Correspondence, Re: Metis, Saskatoon, University of Saskatchewan, cité dans Logan, *We Were Outsiders*, p. 67.

3. Barron, *Walking in Indian Moccasins*, p. 17–19.

4. CVR, ARN, Diocèse de Grouard-McLennan, Fort Vermilion dossier 046-3, N. P. L'Heureux à J. Huguerre, 24 janvier 1940. [GMA-000463]

5. CVR, ARN, Bibliothèque et Archives Canada, RG10, volume 6377, dossier 766-10, partie 2, C. Pant Schmidt au secrétaire, ministère des Affaires indiennes, 31 janvier 1940. [FTV-005479]

6. CVR, ARN, Bibliothèque et Archives Canada, RG10, volume 6377, dossier 761-0, partie 2, extrait d'une lettre du Dʳ H. A. Hamman, Fort Vermilion, datée du 20 janvier 1940. [FTV-071121-0001]

7. CVR, ARN, Bibliothèque et Archives Canada, RG10, volume 6314, dossier 655-10, partie 1, Samuel Lovell au secrétaire, ministère des Affaires indiennes, 11 avril 1940. [GUY-000105]

8. CVR, ARN, Bibliothèque et Archives Canada, RG10, volume 6314, dossier 655-10, partie 1, Philip Phelan à S. Lovell, 18 avril 1940. [GUY-051716]

9. CVR, ARN, Bibliothèque et Archives Canada, RG10, volume 6254, dossier 575-10, partie 3, Philip Phelan à A. G. Smith, 19 septembre 1946. [BIR-006280]

10. CVR, ARN, Bibliothèque et Archives Canada, RG10, volume 6279, dossier 584-10, partie 4, R. S. Davis au ministère des Affaires indiennes, 30 août 1951. [SBR-110937]

11. CVR, ARN, Bibliothèque et Archives Canada, RG29, volume 2367, dossier 264-154, partie 1, R. B. Curry à H. C. L. Gillman, 8 juin 1955. [MER-003420]

12. CVRM ARB, Diocèse de Grouard-McLennan, 0200B, W. E. Frame à Henri Routhier, 2 mai 1946. [GMA-000200-0002]

13. CVR, ARN, aucun emplacement de document, aucun dossier source de document, Henri Routhier à W. E. Frame, 30 avril 1946. [GMA-002184-0000]

14. CVR, ARN, Bibliothèque et Archives Canada, 205/251, volume II, 06/48–12/55 ANC, G. H. Gooderham à B. F. Neary, 28 janvier 1950. [RCA-001909]

15. CVR, ARN, Diocèse de Grouard-McLennan, 5556, Henri Routhier à C. B. Hill, 11 juin 1950. [GMA-005556]

16. CVR, ARN, aucun emplacement de document, aucun dossier source de document, Waller, inspecteur régional des écoles, extraits du rapport d'inspection de l'inspecteur régional des écoles, Waller, concernant son inspection du pensionnat indien de Grouard, 4 juin et 5 juin 1951. [GMA-000221-0001]

17. CVR, ARN, aucun emplacement de document, aucun dossier source de document, Philip Phelan à l'évêque Henri Routhier, 19 octobre 1951. [GMA-001509-0001]

18. CVR, ARN, aucun emplacement de document, aucun dossier source de document, Henri Routhier à R. F. Davey, 20 février 1954. [GMA-001549]

19. CVR, ARN, Bibliothèque et Archives Canada, RG10, volume 8759, dossier 779/251, volume 1, révérend E. Filion à P. G. Conrad, 15 janvier 1959. [SMD-014051-0003]

20. CVR, ARN, aucun emplacement de document, aucun dossier source de document, Mgr Routhier à Oscar Fadum, 2 mars 1959. [GMA-000243-0002]

21. Chalmers, *Northland*, p. 5.

22. Chalmers, *Northland*, p. 7.

23. Chalmers, *Northland*, p. 27–31.

24. Blakeney, *An Honourable Calling*, p. 110.

25. Division scolaire Frontier, *History*, http://www.frontiersd.mb.ca/governance/policy/SitePages/History.aspx (consulté le 3 août 2012).

26. Alberta Education, *The Northland School Division Inquiry*, p. 22, 30–31.

Les élèves parlent

1. Angie Crerar, citée dans Métis Nation, *Métis Memories*, p. 125.

2. Theresa Meltenberger, citée dans Métis Nation, *Métis Memories*, p. 27.

3. Elmer Cardinal, cité dans Métis Nation, *Métis Memories*, p. 72–74.

4. Alphonse Janvier, cité dans Métis Nation, *Métis Memories*, p. 19.

5. CVR, DAV, Robert Derocher, déclaration devant la Commission de vérité et réconciliation du Canada, Saskatoon (Saskatchewan), 21 juin 2012, numéro de déclaration : 2011-4380.

6. Theresa Meltenberger, citée dans Métis Nation, *Métis Memories*, p. 27.

7. Arcand, citée dans Selmer Ausland, *Les Metisse*, partie 2, http://www.jkcc.com/motherstwo. html (consulté le 1er janvier 2012).

8. Arcand, citée dans Selmer Ausland, *Les Metisse*, partie 2, http://www.jkcc.com/motherstwo. html (consulté le 1er janvier 2012).

9. Anonyme, cité dans Métis Nation, *Métis Memories*, p. 120.

10. James Thomas, cité dans Métis Nation, *Métis Memories*, p. 86.

11. Martha Mercredi, citée dans Métis Nation, *Métis Memories*, p. 91.

12. Magee Shaw, citée dans Métis Nation, *Métis Memories*, p. 7.

13. Anonyme, cité dans Métis Nation, *Métis Memories*, p. 13.

14. Anonyme, cité dans Métis Nation, *Métis Memories*, p. 15.

15. Anonyme, cité dans Métis Nation, *Métis Memories*, p. 122.

16. Anonyme, cité dans Métis Nation, *Métis Memories*, p. 61.

17. Rita Evans, citée dans Métis Nation, *Métis Memories*, p. 101.

18. Rita Evans, citée dans Métis Nation, *Métis Memories*, p. 103.

19. Colin Courtoreille, cité dans Métis Nation, *Métis Memories*, p. 49–50.

20. Mike J. Durocher, *Sandy Point*, http://metis.tripod.com/Sandy.html (consulté le 3 janvier 2012).

21. Anonyme, cité dans Métis Nation, *Métis Memories*, p. 39.

22. George Amato, cité dans Métis Nation, *Métis Memories*, p. 66.

23. Anonyme, cité dans Métis Nation, *Métis Memories*, p. 116.

24. CVR, DAV, Robert Derocher, déclaration devant la Commission de vérité et réconciliation du Canada, Saskatoon (Saskatchewan), 21 juin 2012, numéro de déclaration : 20114380.

25. Magee Shaw, citée dans Métis Nation, *Métis Memories*, p. 7.

26. *Ex-residential School Students Recall Painful Days*, http://www.canada.com/topics/news/ national/story.html?id=3ffcd4f09d28462287687295d5c6bf80.

27. Alphonse Janvier, cité dans Métis Nation, *Métis Memories*, p. 20, 22.

28. CVR, DAV, Allen Morin, déclaration devant la Commission de vérité et de réconciliation du Canada, Batoche (Saskatchewan), 19 juillet 2010, numéro de déclaration : 01-SK-18-25JY10-002.

29. Anonyme, cité dans Chartrand, Métis Residential School Participation, p. 21.

30. *Ex-residential School Students Recall Painful Days*, http://www.canada.com/topics/news/ national/story.html?id=3ffcd4f09d28462287687295d5c6bf80; Clement Chartier, cité dans Kennedy, *News and Comment*, 11 mai 2006, Turtle Island Native Network, http://www. turtleisland.org/discussion/viewtopic.php?p=6938 (consulté le 26 décembre 2011); *President Chartier Attends TRC Event in Inuvik, NWT*, http://www.metisnation.ca/index.php/news/ trc-event-in-nwt.

31. Durocher, *Sandy Point*, http://metis.tripod.com/Sandy.html (consulté le 3 janvier 2012).

32. CVR, DAV, Robert Derocher, numéro de déclaration :, Saskatoon (Saskatchewan), 21 juin 2012, numéro de déclaration : 2011-4380.

33. George Amato, cité dans Métis Nation, *Métis Memories*, p. 67.

34. Anonyme, cité dans Métis Nation, *Métis Memories*, p. 42.

35. Colin Courtoreille, cité dans Métis Nation, *Métis Memories*, p. 49.

36. Donna Roberts, citée dans Métis Nation, *Métis Memories*, p. 52.

37. Anonyme, cité dans Métis Nation, *Métis Memories*, p. 116–117.

38. Elmer Cardinal, cité dans Métis Nation, *Métis Memories,* 74.

39. Anonyme, cité dans Logan, *Lost Generations*, p. 80.

40. Pennier, *Call Me Hank, p.* 9–10, p. 13.

41. Archie Larocque, cité dans Métis Nation, *Métis Memories,* p. 35, 36.

42. oUR Space, « Interview: Mrs. Mary Jacobson, Saskatchewan Archives Board, Sound Archives Programme: tape no. IH132, transcript disc 23 », entrevue avec Mary Jacobson, menée par Carol Pearlstone, 3 août 1973, transcrite par J. Greenwood. p. 1–12, http://ourspace.uregina.ca/ (consulté le 6 novembre 2014).

43. Theresa Meltenberger, citée dans Métis Nation, *Métis Memories,* p. 28.

44. Theresa Meltenberger, citée dans Métis Nation, *Métis Memories,* 30.

45. Anonyme, cité dans Métis Nation, *Métis Memories,* p. 121.

46. Donna Roberts, citée dans Métis Nation, *Métis Memories,* p. 53.

47. Angie Crerar, citée dans Métis Nation, *Métis Memories,* 126.

48. Anonyme, cité dans Métis Nation, *Métis Memories,* 61.

49. Anonyme, cité dans Métis Nation, *Métis Memories,* 108.

50. « Vandale: R805A » cité dans Logan, *Lost Generations*, 80.

51. Nungak, *Part Qallunaaq*, http://www.electriccanadian.com/history/first/zebedee/index.htm (consulté le 5 mars 2012).

52. Dickson, *Hey, Monias!*, p. 86–87.

53. Dickson, *Hey, Monias!*, p. 93.

54. Alphonse Janvier, cité dans Métis Nation, *Métis Memories,* p. 23.

55. Anonyme, cité dans Métis Nation, *Métis Memories,* p. 83.

56. Alphonse Janvier, cité dans Métis Nation, *Métis Memories,* p. 20.

57. Anonyme, cité dans Métis Nation, *Métis Memories,* p. 38.

58. Magee Shaw, citée dans Métis Nation, *Métis Memories,* p. 8.

59. George Amato, cité dans Métis Nation, *Métis Memories,* p. 65.

60. Martha Mercredi, citée dans Métis Nation, *Métis Memories,* p. 91.

61. Arcand, citée dans Selmer Ausland, *Les Metisse*, partie 2, http://www.jkcc.com/motherstwo.html (consulté le 1er janvier 2012).

Bibliographie

Sources primaires

1. Bases de données de la Commission de vérité et réconciliation

Les notes en fin de chapitre du rapport débutent souvent par CVR, suivi d'un des sigles suivants : DASAG, DAV, DAE, ASPI, ARN, RNE et BAC. Les documents ainsi cités se trouvent dans la base de données de la Commission de vérité et réconciliation du Canada, au Centre national pour la vérité et réconciliation. À la fin de chacune des notes, se trouve, entre crochets, le numéro d'identification de chacun des documents. Voici une brève description des bases de données.

Base de données des documents actifs et semi-actifs du gouvernement (DASAG) — Cette base de données contient les documents actifs et semi-actifs du gouvernement recueillis auprès de ministères fédéraux qui sont possiblement liés à l'administration et à la gestion du système des pensionnats. Conformément aux obligations du gouvernement fédéral découlant de la Convention de règlement relative aux pensionnats indiens (CRRPI), les documents ayant trait à l'histoire ou aux séquelles du système ont été communiqués à la Commission de vérité et réconciliation du Canada (CVR). Les autres ministères fédéraux concernés étaient notamment : le ministère de la Justice, Santé Canada, la Gendarmerie royale du Canada et la Défense nationale. Affaires autochtones et Développement du Nord Canada avait la responsabilité de rassembler et de communiquer les documents de ces autres ministères fédéraux à la CVR.

Base de données des déclarations audio-visuelles (DAV) — Cette base de données regroupe les déclarations audio et vidéo faites à la CVR dans le cadre d'audiences communautaires et d'événements régionaux et nationaux tenus par la Commission ainsi que d'autres événements spéciaux auxquels la Commission a participé.

Base de données des documents d'archives des Églises (DAE) — Cette base de données contient les documents recueillis auprès de diverses Églises et organisations religieuses ayant participé à l'administration et à la gestion des pensionnats indiens. Il s'agit notamment des entités associées à l'Église catholique romaine, à l'Église anglicane du Canada, à l'Église presbytérienne du Canada et à l'Église Unie du Canada. Les documents ont été recueillis conformément au mandat de la CVR, tel qu'il est énoncé dans la Convention de règlement relative aux pensionnats indiens, soit de « repérer les sources et créer un dossier historique le plus complet possible sur le système des pensionnats et ses séquelles ».

Base de données des administrations scolaires des pensionnats indiens (ASPI) — Cette base de données regroupe des documents sur chacun des pensionnats, conformément à la CRRPI.

Base de données de l'analyse et de la recherche nationale (ARN) — Cette base de données rassemble des documents recueillis par la Direction nationale de recherche et d'analyse d'Affaires autochtones et Développement du Nord Canada, anciennement Résolution des questions des pensionnats indiens Canada (RQPIC). Les documents contenus dans cette base de données visaient au départ la recherche sur diverses allégations, notamment sur les cas d'abus dans les pensionnats, et sont principalement issus de la procédure judiciaire dans des affaires criminelles et civiles puis de la Convention de règlement relative aux pensionnats indiens (CRRPI), ainsi que de processus de règlement extrajudiciaires tels que le règlement alternatif des différends. La plupart des documents proviennent d'Affaires autochtones et Développement du Nord Canada. La collection regroupe également des documents d'autres ministères fédéraux et d'organisations religieuses. Pour certains documents fournis par des organismes externes, l'information comprise dans la base de données est incomplète. Le cas échéant, la note de bas de page contient l'information suivante : « aucun emplacement de document, aucun dossier source de document ».

Base de données des séries rouge, noire et sur les écoles (RNE) — Cette base de données contient les documents fournis à la Commission par Bibliothèque et Archives Canada. Les trois sous-séries regroupent des documents auparavant compris dans le Système central de gestion des dossiers de l'administration centrale, ou système de gestion des documents, pour les ministères qui ont précédé Affaires autochtones et Développement du Nord Canada. Les documents d'archives sont liés au fonds du ministère des Affaires indiennes et du Nord canadien et font partie de la collection de Bibliothèque et Archives Canada.

Base de données des documents et des contenants (fichiers) de documents d'archives de Bibliothèque et Archives Canada (DABAC) — Cette base de données contient des documents recueillis auprès de Bibliothèque et Archives Canada (BAC). Les documents d'archives des ministères fédéraux possiblement liés à l'administration et à la gestion du système des pensionnats faisaient partie de la collection de Bibliothèques et Archives Canada. Au départ, les documents ayant trait à l'histoire ou aux séquelles du système des pensionnats indiens ont été recueillis par la Commission de vérité et réconciliation du Canada (CVR), en collaboration avec Affaires autochtones et Développement du Nord Canada, dans le cadre de leur mandat, tel qu'il est énoncé dans la Convention de règlement relative aux pensionnats indiens. Affaires autochtones et Développement du Nord Canada a poursuivi la collecte de documents, conformément à l'obligation du gouvernement fédéral de divulguer ces documents dans le cadre de la Convention.

2. Rapport annuel des Affaires indiennes, 1864-1997

Dans le présent rapport, « Rapport annuel du ministère des Affaires indiennes » désigne les rapports annuels publiés du gouvernement du Canada en lien avec les Affaires indiennes pour la période comprise entre 1864 et 1997.

Le ministère des Affaires indiennes et du Nord canadien a vu le jour en 1966. En 2011, il est devenu Affaires autochtones et Développement du Nord Canada. Avant 1966, divers ministères ont eu la responsabilité des portefeuilles des Affaires indiennes et des Affaires du Nord.

Par ordre chronologique, voici les ministères qui ont eu la responsabilité des Affaires indiennes au fil des ans :

- Le département du Secrétaire d'État du Canada (jusqu'en 1869)
- Le département du Secrétaire d'État pour les Provinces (1869-1873)
- Le ministère de l'Intérieur (1873-1880)
- Le département des Affaires des Sauvages (1880-1936)
- Le ministère des Mines et des Ressources (1936-1950)
- Le ministère de la Citoyenneté et de l'Immigration (1950-1965)
- Le ministère du Nord canadien et des Ressources nationales (1966)
- Le ministère des Affaires indiennes et du Nord canadien (de 1966 à ce jour)

Le titre exact des rapports annuels du ministère des Affaires indiennes a changé au fil des années en fonction du ministère responsable.

3. Bibliothèque et Archives Canada

RG10 (groupe d'archives des Affaires indiennes) Le groupe d'archives RG10 de Bibliothèque et Archives Canada fait partie du fonds R216 du ministère des Affaires indiennes et du Nord canadien. À des fins de clarté et de concision, les archives appartenant au groupe d'archives RG10 mentionnées dans les notes de bas de page du présent rapport sont présentées simplement à l'aide de l'information relative au groupe RG10.

Lorsqu'une copie d'un document du groupe d'archives RG10 contenue dans une base de données de la CVR a été utilisée, la base de données de la Commission dans laquelle se trouve cette copie a été clairement indiquée tout comme l'information relative au groupe d'archives RG10 associée au document original.

RG 15 (ministère de l'Intérieur)

4. Autres archives

Oblats de Marie Immaculée Lacombe Canada, Archives provinciales de Grandin

Our Space (DSpace, Université de Regina)

5. Publications gouvernementales

Alberta. Ministère de l'Éducation. *The Northland School Division Inquiry Team report to the Honourable Dave Hancock, Minister of Education*, Edmonton : gouvernement de l'Alberta, 2010.

Canada. *Documents de la session de la puissance du Canada*, vol. 13, troisième session du cinquième Parlement, 1885.

Davin, N.F. *Report on Industrial Schools for Indians and Half-Breeds: to the Right Honourable the Minister of the Interior*, Ottawa, 1879.

Ewing, Albert Freeman. *Report of the Royal Commission Appointed to Investigate the Conditions of the Half-Breed Population of Alberta*, Edmonton : gouvernement de l'Alberta, ministère des Terres et des Mines, 1936.

Howe, Joseph. « Statement of the condition of the various Indian Schools within the Dominion of Canada, derived from the latest Reports received at this Office », *Rapport de la division des affaires des Sauvages du Secrétaire d'*État *pour les provinces,* Ottawa : I.B. Taylor, 1872.

Voorhis, Ernest, dir. *Historic forts and trading posts of the French regime and of the English fur trading companies*, Ottawa : ministère de l'Intérieur, Bureau du développement national, 1930.

Sources secondaires

1. Livres et rapports publiés

Andrew, Sheila Muriel. *The Development of Elites in Acadian New Brunswick, 1861-1881*, Montréal et Kingston : McGill-Queen's Press, 1996.

Barron, Laurie F. *Walking in Indian Moccasins: The Native Policies of Tommy Douglas and the CCF*, Vancouver : University of British Columbia Press, 1997.

Bird, Madeline avec l'aide de sœur Agnes Sutherland. *Living Kindness: The Dream of My Life, The Memoirs of Metis Elder, Madeline Bird,* Yellowknife : Outcrop, 1991.

Blakeney, Allan. *An Honourable Calling: Political Memoirs,* Toronto : University of Toronto Press : 2008.

Blum, Rony. *Ghost Brothers: Adoption of a French Tribe by Bereaved Native America,* Montréal et Kingston : McGill-Queen's University Press, 2005.

Brown, Jennifer S.H. *Strangers in Blood: Fur Trade Company Families in Indian Country,* Vancouver : University of British Columbia Press, 1980.

Bumstead, J.M. *Canada's Diverse Peoples: A Reference Sourcebook*, Santa Barbara (CA) : ABC-CLIO, 2003.

Bumstead, J.M. *St. John's College: Faith and Education in Western Canada,* Winnipeg : University of Manitoba Press, 2006.

Campbell, Maria. *Halfbreed*, Toronto : McClelland and Stewart Limited, 1973.

Champagne, Joseph-Étienne. *Les missions catholiques dans l'ouest canadien, 1818-1875,* Ottawa : Éditions des Études oblates, Éditions de l'Université, 1949.

Chartrand, Larry N., Tricia E. Logan, et Judy D. Daniels. *Histoire et expériences des Métis et les pensionnats au Canada*, préparé pour la Collection recherche de la Fondation autochtone de guérison, 2006.

Coates, Kenneth, et William Robert Morrison. *Land of the Midnight Sun: A History of the Yukon*, Montréal, McGill-Queen's University Press, 2005.

Curtis, Bruce. *The Politics of Population: State Formation, Statistics, and the Census of Canada, 1840-1875*, Toronto : University of Toronto Press, 2001.

Dempsey, Hugh A. *The Gentle Persuader: A Biography of James Gladstone, Indian Senator*, Saskatoon : Western Producer Books, 1986.

Devine, Heather. *The People Who Own Themselves: Aboriginal Ethnogenesis in a Canadian Family, 1660-1900*, Calgary : University of Calgary Press, 2004.

Dickerson, Mark O. *Whose North? Political change, Political Development, and Self-Government in the Northwest Territories*, Vancouver : University of British Columbia Press et l'Institut arctique de l'Amérique du Nord, 1992.

Dickson, Stewart. *Hey, Monias! The story of Raphael Ironstand*, Vancouver : Arsenal Pulp Press, 1993.

Dobbin, Murray. *The One* and a *Half Men: The Story of Jim Brady and Malcolm Norris, Metis Patriots of the Twentieth Century*, Vancouver : New Star Books, 1981.

Drouin, Eméric O. *Joyau dans la plaine; Saint-Paul, Alberta, colonie métisse 1896-1909, paroisse blanche 1909-1951*, Québec : Éditions Ferland, 1968.

Dugas, G. *Monseigneur Provencher et les missions de la Rivière-Rouge*, Montréal : O. Beauchemin et Fils, 1889.

Fumoleau, René. *Aussi longtemps que le fleuve coulera : la nation dènèe et le Canada*, Sillery (Québec) : Septentrion, 1994.

Garrioch, Alfred Campbell. *The Far and Furry North: A Story of Life and Love and Travel in the Days of the Hudson's Bay Company*, Winnipeg : Douglass-McIntyre, 1925.

Huel, Raymond J.A. *Proclaiming the Gospel to the Indians and the Métis,* Edmonton : University of Alberta Press et Western Canadian Publishers, 1996.

Levin, Claire. *The Unheard Majority: A History of Women Educators in Manitoba*, Winnipeg : Manitoba Women's Directorate, 2002.

Marmon, Lee. *Final Report on Metis Education and Boarding School Literature and Sources Review*, préparé pour le Ralliement national des Métis, février 2010.

McCarthy, Martha. *From the Great River to the Ends of the Earth: Oblate Missions to the Dene, 1847-1921*, Edmonton : University of Alberta Press, Western Canadian Publishers, 1995.

Metis Association of Alberta, Joe Sawchuck, Patricia Sawchuck et Theresa Ferguson. *Metis Land Rights in Alberta: A Political History*, Edmonton : Metis Association of Alberta, 1981.

Metis Nation of Alberta. *Metis Memories of Residential Schools: A Testament to the Strength of the Metis,* Edmonton : Metis Nation of Alberta, 2004.

Moine, Louise. *My Life in a Residential School*, Saskatchewan : Ordre impérial des filles de l'Empire, section provinciale, Saskatchewan, en collaboration avec la Bibliothèque provinciale de la Saskatchewan, 1975.

Peake, Frank. *The Bishop Who Ate His Boots: A Biography of Isaac O. Stringer,* Toronto : Église anglicane du Canada, 1966.

Pennier, Henry. *"Call Me Hank": A Stó:lo Man's Reflections on Logging, Living, and Growing Old*, sous la direction de Keith Thor Carlson et Kristina Fagan, Toronto : University of Toronto Press, 2006.

Pocklington, T.C. *The Government and Politics of the Alberta Metis Settlements*, Regina : Canadian Plains Research Center, 1991.

Quiring, David M. *CCF Colonialism in Northern Saskatchewan: Battling Parish Priests, Bootleggers and Fur Sharks*, Vancouver : University of British Columbia Press, 2004.

Reimer, Gwen, et Jean-Philippe Chartrand. *A Historical Profile of the James Bay Area's Mixed European-Indian or Mixed European-Inuit Community*, préparé pour le ministère de la Justice, Canada, 14 mars 2005.

Shortt, Adam, et Arthur George Doughty, dir. *Canada and its Provinces; A History of the Canadian People and their Institutions,* Toronto : Publishers' Association of Canada, 1914.

Siggins, Maggie. *Riel : une vie de révolution*, Montréal : Éditions Québec-Amérique, 1997.

West, James. *The substance of a journal during a residence at the Red River colony, British North America; and frequent excursions among the North-west American Indians, in the years 1820, 1821, 1822, 1823*, London : L.B. Seelev and Son, 1824.

Widder, Keith R. *Battle for the Soul: Metis Children Encounter Evangelical Protestants at Mackinaw Mission, 1823-1837*, East Lansing : Michigan State University Press, 1999.

Wilson, Daniel. *Prehistoric Man: Researches into the Origin of Civilisation in the Old and New World*, 3ᵉ édition, London : Macmillan and Company, 1876.

2. Articles et chapitres de livres

Absolon, Kathy, et Cam Willett. « Putting ourselves forward: Location in aboriginal research », *Research as Resistance: Critical, Indigenous and Anti-oppressive Approaches*, sous la direction de Leslie Brown et Susan Strega, p. 97-126, Toronto : Scholar's Press, 2005.

Anuik, Jonathan. « Forming Civilization at Red River: 19th-century Missionary Education of Metis and First Nations Children », *Prairie Forum*, vol. 31, nᵒ 1, 2006, p. 1-15.

Beaumont, Raymond M. « Origins and Influences: The Family Ties of the Reverend Henry Budd », *Prairie Forum*, vol. 17, nᵒ 2, 1992, p. 167-200.

Beaumont, Raymond M. « The Rev. William Cockran: The Man and the Image », Manitoba History, vol. 33, printemps 1997.

Brown, Jennifer. « Fur Trade as Centrifuge: Familial Dispersal and Offspring Identity in Two Company Contexts », *North American Indian Anthropology: Essays on Society and Culture*, sous la direction de Raymond DeMallie et Alfonso Ortiz, p. 197-219, Norman : University of Oklahoma Press, 1994.

Carney, Robert. « Residential schooling at Fort Chipewyan and Fort Resolution 1874-1974 », Études oblates de l'*Ouest 2 : actes du deuxième Colloque sur l'histoire des Oblats dans l'Ouest et le Nord canadiens = Western Oblate Studies 2 : Proceedings of the Second Symposium on the History of the Oblates in Western and Northern Canada*, sous la direction de R.[-J.-A.] Huel avec Guy Lacombe, p. 115-138, Lewiston (New York), Edwin Mellen Press, 1992.

Chalmers, J.W. « Northland: The founding of a Wilderness School System », *Canadian Journal of Native Education*, vol. 12, nᵒ 2 (1985), p. 1-45.

Chartrand, Larry N. « La présence des Métis dans les pensionnats : analyse de la recherche », *Histoire et expériences des Métis et les pensionnats au Canada*, par Larry N. Chartrand, Tricia E. Logan, et Judy D. Daniels, p. 5-56, Ottawa : Fondation autochtone de guérison, 2006.

Church of England Sunday School Magazine for Teachers, vol. 6, nouvelle série, 1862.

Coates, Kenneth. « Betwixt and between: The Anglican Church and the children of the Carcross (Choutla) Residential School, 1911–1954 », dans *Interpreting Canada's North: Selected Readings*, sous la direction de Kenneth Coates et William R. Morrison, p. 150-168, Toronto : Copp Clark Limited, 1989.

Comeau, Lisa. « Contemporary Productions of Colonial Identities through Liberal Discourses of Education Reform », *Journal de l'association canadienne pour l'*étude du curriculum = Journal of the Canadian Association for Curriculum *Studies*, vol. 3, n° 2, 2005, p. 9-25.

Daniels, Judy D. « Douleur ancestrale : souvenirs de l'expérience des Metis dans les pensionnats », préparé à l'origine pour la Metis Nation of Alberta, le 3 avril 2003, *Histoire et expériences des Métis et les pensionnats au Canada*, par Larry N. Chartrand, Tricia E. Logan, et Judy D. Daniels, p. 99-200, Ottawa : Fondation autochtone de guérison, 2006.

Ens, Richard A. « But What Is The Object of Educating These Children, If It Costs Their Lives to Educate Them?: Federal Indian Education Policy in Western Canada in The Late 1800s », *Revue d'*études canadiennes = Journal of Canadian *Studies*, vol. 43, n° 3, 2009, p. 101-123.

Erickson, Lesley A. « Bury Our Sorrows in the Sacred Heart: Gender and the Metis Response to Colonialism—The Case of Sara and Louis Riel, 1848-1883 », *Unsettled Pasts: Reconceiving the West through Women's History*, sous la direction de Sarah Carter, Lesley Erickson, Patricia Roome, et Char Smith, p. 17-48, Calgary : University of Calgary Press, 2005.

Erickson, Lesley A. « Repositioning the Missionary: Sara Riel, the Grey Nuns, and Aboriginal Women in Catholic Missions of the Northwest », *Recollecting: Lives of Aboriginal Women of the Canadian Northwest and Borderlands*, sous la direction de Sarah Carter et Patricia Mc-Cormack, p. 115-134, Edmonton : Athabasca University Press, 2010.

Gladstone, James. « Indian School Days », *Alberta Historical Review,* vol. 15, n° 1, 1967, p. 18-24.

Jaenen, Cornelius J. « Foundations of Dual Education at Red River, 1811–1834 », *Transactions of the Historical and Scientific Society of Manitoba*, série III, vol. 21, 1964-1965, p. 35-68.

Logan, Tricia E. « Générations perdues : l'occultation de l'expérience des Métis dans les pensionnats », rapport provisoire révisé, préparé à l'origine pour la Fédération des Métis du Manitoba – Région Sud-Ouest, 2001, *Histoire et expériences des Métis et les pensionnats au Canada*, par Larry N. Chartrand, Tricia E. Logan, et Judy D. Daniels, p. 61-98, Ottawa : Fondation autochtone de guérison, 2006.

Long, John S. « Archdeacon Thomas Vincent of Moosonee and the handicap of Métis racial status », *Canadian Journal of Native Studies*, vol. 3, 1983, p. 95-116.

Long, John S. « Reviews: Other Media », *American Indian Culture and Research Journal*, Special Metis Issue n° 6, n° 2, 1982, p. 273-276.

Martin, Fred V. « Alberta Metis Settlements: A Brief History », *Forging Alberta's Constitutional Framework*, sous la direction de Richard Connors et John M. Law, p. 345-389, Edmonton : University of Alberta Press de concert avec le Centre for Constitutional Studies/Centre d'études constitutionnelles, 2005.

McGuire, Rita. « The Grey Sisters in the Red River Settlement, 1844-1870 », *Canadian Catholic Historical Association Historical Studies*, vol. 53, 1986, p. 21-37.

Mumford, Jeremy. « *Mixed-Race Identity in a Nineteenth-Century Family: The Schoolcrafts of Sault Ste. Marie, 1824-1927* », *Michigan Historical Review*, vol. 25, n° 1, 1999, p. 1-23.

Ormiston, Alice. « Educating "Indians": Practices of Becoming Canadian », *Canadian Journal of Native Studies*, vol. 22, n° 1, 2002, p. 1-22.

Prud'homme, Maurice. « The Life and Times of Archbishop Taché », *Manitoba Historical Society Transactions*, vol. 3, 1954-1955, p. 4-17.

Reardon, James M. « George Anthony Belcourt Pioneer Missionary of the Northwest », *Canadian Catholic Historical Association Report*, vol. 18, 1951, p. 75-89.

Reimer, Gwen, et Jean-Philippe Chartrand. « Documenting Historic Metis in Ontario », *Ethnohistory*, vol. 51, n° 3, 2004, p. 567-607.

Stanley, George F.G. « Alberta's Half-Breed Reserve Saint-Paul-des Metis 1896–1909 », *The Other Natives: The Metis,* vol. 2, sous la direction de A.S. Lussier, et D.B. Sealey, p. 75-107, Winnipeg : Manitoba Metis Federation Press, 1978.

Stevenson, Mark. « Section 91 (24) and Canada's Legislative Jurisdiction with Respect to the Métis », *Indigenous Law Journal*, vol. 1, printemps 2002, p. 238-261.

Stevenson, Winona. « The Journals and Voices of a Church of England Native Catechist: Askenootow (Charles Pratt), 1851-1884 », *Reading Beyond Words: Contexts for Native History*, sous la direction de Jennifer S.H. Brown et Elizabeth Vibert, p. 304-329, Peterborough : Broadview Press, 1996.

Stevenson, Winona. « The Red River Indian Mission School and John West's "Little Charges" 1820–1833 », *Native Studies Review*, vol. 4, n°s 1 et 2, 1988, p. 129-165.

Tanner, Adrian. « The Aboriginal Peoples of Newfoundland and Labrador and Confederation », *Newfoundland Studies*, vol. 14, n° 2, 1998, p. 238-252.

Titley, E. Brian. « Dunbow Indian Industrial School: An Oblate Experiment in Education », Études oblates de l'*Ouest 2 : actes du deuxième Colloque sur l'histoire des Oblats dans l'Ouest et le Nord canadiens = Western Oblate Studies* 2 : *Proceedings of the Second Symposium on the History of the Oblates in Western and Northern Canada*, sous la direction de R.[-J.-A.] Huel avec Guy Lacombe, p. 95-113, Lewiston (New York) : Edwin Mellen Press, 1992.

Valentine, Victor F. « The Fort Black Co-operative Store: A Social Experiment Among the Ile a La Crosse Métis », *A Different Drummer: Readings in Anthropology with a Canadian Perspective*, sous la direction de Bruce Alden Cox, Jacques M. Chevalier et Valda Blundell, p. 81-90, Ottawa : BCP Enterprises, 1989.

Van West, Carroll. « Acculturation by design—Architectural determinism and the Montana Indian Reservations, 1870–1930 », *Great Plains Quarterly*, vol. 7, printemps 1987, p. 91-102.

3. Thèses et mémoires

Boyd, Diane Michelle. *The Rise and Development of Female Catholic Education in the Nineteenth-Century Red River Region: The Case of Catherine Mulaire*, mémoire de maîtrise en arts, département d'histoire, programme de maîtrise conjointe, Universités du Manitoba et de Winnipeg, 1999.

Carney, Robert. *Relations in Education Between the Federal and Territorial Governments and the Roman Catholic Church in the Mackenzie District, Northwest Territories, 1867–1961*, thèse de doctorat, Université de l'Alberta, 1971.

Foran, Timothy Paul. *Les Gens de Cette Place: Oblates and the Evolving Concept of Métis at Île-à-la-Crosse, 1845–1898*, thèse de doctorat, Université d'Ottawa, 2011.

Fox, Uta. *The Failure of the Red Deer Industrial School*, mémoire de maîtrise en arts, Université de Calgary, 1993.

Gresko, Jacqueline Kennedy. *Gender and Mission: The Founding Generations of the Sisters of Saint Ann and the Oblates of Mary Immaculate in British Columbia 1858-1914*, thèse de doctorat, Université de la Colombie-Britannique, 1999.

Logan, Tricia Elizabeth. *We Were Outsiders: The Metis and Residential Schools,* mémoire de maîtrise en arts, Université du Manitoba, 2007.

Malloy, Margaret. *The History of St. Mary's Academy and College and Its Times*, mémoire de maîtrise en éducation, Université de Manitoba, 1952.

Marceau-Kozicki, Sylvie. *Onion Lake Residential Schools, 1892-1943*, mémoire de maîtrise en arts, Université de la Saskatchewan, 1993.

Redford, James W. *Attendance at Indian residential schools in British Columbia, 1890-1920*, mémoire de maîtrise en arts, Université de la Colombie-Britannique, 1978.

Stevenson, Winona L. *The Church Missionary Society Red River Mission and the Emergence of a Native Ministry 1820-1860*, étude de cas de Charles Pratt of Touchwood Hills, mémoire de maîtrise en arts, Université de la Colombie-Britannique, 1988.

4. Sources en ligne

Alberta Metis Settlements. *DWRG Press.*, http://www.ualberta.ca/~walld/ab2introsketch.html (consulté le 23 mars 2012).

Allaire, Gratien. « Chaboillez, Charles », *Dictionnaire biographique du Canada* en ligne, http://www.biographi.ca/fr/bio/chaboillez_charles_5E.html (consulté le 30 novembre 2011).

Armour, David A. « Henry, Alexander », *Dictionnaire biographique du Canada* en ligne, http://www.biographi.ca/fr/bio/henry_alexander_1739_1824_6E.html (consulté le 30 décembre 2011).

[Ausland, Selmer.] « Arrival of the Grey Nuns: The first schools and the boarding school », http://www.jkcc.com/rcnuns.html (consulté le 23 décembre 2011).

[Ausland, Selmer.] « Chateau Saint-Jean... Black Robes and Grey Dresses », partie 1, http://www.jkcc.com/robes.html (consulté le 1er janvier 2012).

[Ausland, Selmer.] « Hospital Buildings and Health Care », http://www.jkcc.com/rchospital.html (consulté le 6 janvier 2012).

[Ausland, Selmer.] « Ile-A-La-Crosse celebrates Bi-Centennial, Courtesy of "DENOSA" », http://www.jkcc.com/invaintwo.html (consulté le 6 janvier 2012).

[Ausland, Selmer.] « Les Metisse... Mothers and Grandmothers », partie 2, http://www.jkcc.com/motherstwo.html (consulté le 1er janvier 2012).

[Ausland, Selmer.] « Memories of Deep River Website. Religious History of St. John Baptiste Parish, Ile-A-La-Crosse, 150 Years », http://www.jkcc.com/rcindex.html (consulté le 10 décembre 2014).

[Ausland, Selmer.] « Today... We Have Not Lived In Vain », partie 2, http://www.jkcc.com/invaintwo.html (consulté le 6 janvier 2012).

Barkwell, Lawrence. « Anne Goulet (1842–1917) », Institut Louis-Riel, http://www.scribd.com/doc/56460013/Sister-Anne-Goulet (consulté le 26 janvier 2012).

Barkwell, Lawrence. « Mary Jane McDougall (1844–1896) », Institut Louis-Riel, http://www.scribd.com/doc/32469225/Sister-Mary-Jane-McDougall-Grey-Nun (consulté le 26 janvier 2012).

Barkwell, Lawrence. « Napoleon Laferté, O.M.I. (1896–1964) », Institut Louis-Riel, http://www.scribd.com/doc/32835056/Father-Napoleon-Lafferty (consulté le 26 janvier 2012).

Barkwell, Lawrence. « The Metis Homeland: Its Settlements and Communities », Institut

Louis-Riel, http://www.scribd.com/doc/26282327/Metis-Settlements-and-Communities (consulté le 5 mars 2012).

Bonin, Marie. « The Grey Nuns and the Red River Settlement », *Manitoba History*, vol. 11, printemps 1986, http://www.mhs.mb.ca/docs/mb_history/11/greynuns.shtml (consulté le 24 janvier 2012).

Boon, T.C. « Budd, Henry », *Dictionnaire biographique du Canada* en ligne, http://www.biographi.ca/fr/bio/budd_henry_10E.html (consulté le 5 décembre 2011).

Brown. « Métis », *L'encyclopédie canadienne*, Institut Historica/Dominion, http://encyclopediecanadienne.ca/fr/article/metis/ (consulté le 8 décembre 2014).

Chartier, Clement. « President Chartier attends TRC event in Inuvik, NWT », http://www.metisnation.ca/index.php/news/trc-event-in-nwt.

Chaput, Donald. « Nolin, Jean-Baptiste », *Dictionnaire biographique du Canada* en ligne, http://www.biographi.ca/fr/bio/nolin_jean_baptiste_1826_6E.html (consulté le 14 janvier 2012).

Cyr, Jean-Roch. « Landry, Sir Pierre-Amand », *Dictionnaire biographique du Canada* en ligne, http://www.biographi.ca/fr/bio/landry_pierre_amand_14E.html (consulté le 8 novembre 2011).

Dictionary of Newfoundland English online. http://www.heritage.nf.ca/dictionary/.

Durocher, Mike J. « Sandy Point », http://metis.tripod.com/Sandy.html (consulté le 3 janvier 2012).

Église anglicane du Canada. Mission and Justice Relationships, Truth and Reconciliation, « Bishop Horden Memorial School–Moose Factory Island, ON », http://www.anglican.ca/relationships/trc/histories/bishop-horden/ (consulté le 10 décembre 2014).

Église anglicane du Canada. Mission and Justice Relationships, Truth and Reconciliation, « Bishop Horden Memorial School–Moose Factory Island, ON », http://www.anglican.ca/relationships/trc/histories/bishop-horden/ (consulté le 21 octobre 2011).

Flanagan, Thomas. « Hugh Richardson », *Dictionnaire biographique du Canada* en ligne. http://www.biographi.ca/fr/bio/richardson_hugh_1826_1913_14E.html (consulté le 1er août 2012).

Fleury, Norm. « Norm Fleury (NF) Interview–Mary St. Pierre », http://www.metismuseum.ca/media/document.php/01194.pdf (consulté le 18 mars 2012).

Foster, J.E. « Auld, William », *Dictionnaire biographique du Canada* en ligne, http://biographi.ca/fr/bio.php?id_nbr=2738 (consulté le 24 décembre 2011).

Frontier School Division. « History », http://www.frontiersd.mb.ca/governance/policy/SitePages/History.aspx.

Graham, Angela. « Memorable Manitobans: Angelique Nolin (?-1869) », http://www.mhs.mb.ca/docs/people/nolin_a.shtml (consulté le 14 janvier 2012).

Higgins, Jenny. « Grenfell Mission », site Web du patrimoine de Terre-Neuve-et-Labrador, 2008, http://www.heritage.nf.ca/society/grenfellmission.html (consulté le 10 novembre 2011).

Higgins, Jenny. « Impact of Non-Aboriginal Activities on the Inuit », site Web du patrimoine de Terre-Neuve-et-Labrador, 2008. http://www.heritage.nf.ca/aboriginal/inuit_impacts.html (consulté le 9 novembre 2011).

Higgins, Jenny. « Metis Organizations and Land Claims », site Web du patrimoine de Terre-Neuve-et-Labrador, http://www.heritage.nf.ca/aboriginal/metis_claims.html (consulté le 12 janvier 2012).

Kennedy, Bob. « News and Comment", Turtle Island Native Network, 11 mai 2006, http://www.turtleisland.org/discussion/viewtopic.php?p=6938 (consulté le 26 décembre 2011).

Lemieux, Lucien. « Provencher, Joseph-Norbert », *Dictionnaire biographique du Canada* en ligne, http://www.biographi.ca/fr/bio.php?BioId=38265 (consulté le 14 janvier 2012).

Lindsay, Margaret Anne, et Jennifer S.H. Brown. « Memorable Manitobans: Mary Jane McDougall (1842–1896) », http://www.mhs.mb.ca/docs/people/mcdougall_mj.shtml (consulté le 28 septembre 2014).

Manitoba. Archives du Manitoba, Archives de la Compagnie de la Baie d'Hudson, « Beaulieu, Francois "A" », feuillet biographique, http://www.gov.mb.ca/chc/archives/hbca/biographical/b/beaulieu_francois.pdf (consulté le 5 janvier 2012).

Manitoba. Archives du Manitoba, Archives de la Compagnie de la Baie d'Hudson. « Hope, James », feuillet biographique, http://www.gov.mb.ca/chc/archives/hbca/biographical/h/hope_james.pdf (consulté le 19 janvier 2012).

Manitoba. Archives du Manitoba, Archives de la Compagnie de la Baie d'Hudson, « McKenzie, Samuel », feuillet biographique, http://www.gov.mb.ca/chc/archives/hbca/biographical/mc/mckenzie_samuel1827-1874.pdf (consulté le 26 décembre 2011).

McLennan, David. « Île-à-la-Crosse », *Encyclopedia of Saskatchewan*, http://esask.uregina.ca/entry/ile-a-la-crosse.html (consulté le 22 décembre 2011).

Morton, W.L. « Riel, Louis », *Dictionnaire biographique du Canada* en ligne, http://www.biographi.ca/fr/bio/riel_louis_1817_64_9E.html (consulté le 26 décembre 2011).

Neatby, Leslie H. « Beaulieu, François », *Dictionnaire biographique du Canada* en ligne, http://www.biographi.ca/fr/bio/beaulieu_francois_10E.html (consulté le 28 décembre 2011).

Nicks, John. « Thompson, David », *Dictionnaire biographique du Canada* en ligne, http://www.biographi.ca/fr/bio/thompson_david_1770_1857_8E.html (consulté le 30 novembre 2011).

Nungak, Zebedee. « Part Qallunaaq: From Hudson Bay to the Firth of Tay: Searching for My Scottish Grandfather », http://www.electriccanadian.com/history/first/zebedee/index.htm (consulté le 5 mars 2012).

« St. Pierre, Mrs. Mary » (article nécrologique), http://baileysfuneralhome.com/book-of-memories/1488588/Pierre-Mary/obituary.php?Printable=true (consulté le 18 mars 2012).

Racette, Sherry Farrell. « Metis Education », *Encyclopedia of Saskatchewan*, http://esask.uregina.ca/entry/metis_education.html (consulté le 5 décembre 2011).

Saskatoon Star-Phoenix. « Ex-residential school students recall painful days », http://www.canada.com/topics/news/national/story.html?id=3ffcd4f0-9d28-4622-8768-7295d5c6bf80 (consulté le 23 décembre 2011).

Smith, Donald B. « Onasakenrat (Onesakenarat), Joseph », *Dictionnaire biographique du Canada* en ligne, http://www.biographi.ca/fr/bio/onasakenrat_joseph_11E.html (consulté le 30 novembre 2011).

Thomas, Lewis G. « Settee, James », *Dictionnaire biographique du Canada* en ligne, http://www.biographi.ca/fr/bio/settee_james_13E.html (consulté le 9 décembre 2011).

Turner, C. « Economics, Credentials, and Our Educational Expectations », 12 avril 2002, http://www.scribd.com/doc/111050/Policy-and-History-of-Education-in-Ontario (consulté le 16 janvier 2012).

Université du Manitoba. « History of St. John's College », http://umanitoba.ca/colleges/st_johns/anglican/index.html (consulté le 8 mars 2012).

90 • COMMISSION DE VÉRITÉ ET RÉCONCILIATION ○

Van Kirk, Sylvia. « Isbister, Alexander Kennedy », *Dictionnaire biographique du Canada* en
ligne, http://www.biographi.ca/fr/bio/isbister_alexander_kennedy_11E.html (consulté le
14 janvier 2012).

Wall, D. « Joseph Francis Dion », *Canadian Aboriginal Issues Database*, http://www.ualberta.
ca/~walld/dion.html (consulté le 23 mars 2012).